peygamberimiz kadınlara nasıl davranırdı?

NURİYE ÇELEĞEN

NESİL

Kahramanmaraş'ta dünyaya geldi.

İlkokul, ortaokul ve liseyi Gaziantep ve Maraş'ta bitirdi. Marmara Üniversitesi Türk Dili ve Edebiyatı Bölümünden mezun oldu, Marmara Üniversitesi İlahiyat Fakültesi bünyesinde master yaptı. Halen yazı çalışmalarına devam ediyor.

NURİYE ÇELEĞEN

YAYINLANMIŞ ESERLERİ

- Hanımların Gözüyle Bediüzzaman
- Kadın Nasıl Mutlu Olur?
- Neden Örtünüyorum?
- Yürek Fısıltıları
- Said Nursî'nin Gözüyle Kadın
- Bediüzzaman'ca Bakışlar
- Alfya (roman)
- Bir Ayrılık Bir Gurbet

İÇİNDEKİLER

O AYNAYDI

Peygamberimiz oturmaktaydı. Ebu Cehil geldi. Kalbini aktardı sözleriyle.

"Ey Muhammed!" dedi. "Senden daha çirkin bir insan görmedim."

Peygamberimiz gülerek cevap verdi:

"Doğru söyledin."

Ebu Cehil nefretiyle gitmişti ki, Hz Ebu Bekir geldi sevgisiyle. Peygamberin ışıldayan nurlu yüzüne baktı... baktı....

Kalbini koydu sözlerine.

"Ey Allah'ın Resulü!" dedi. "Senden daha güzel bir insan görmedim. Sana bakmaya doyamıyorum!"

Allah Resulü, Habibullah sıfatıyla karşılık verdi.

"Doğru söyledin ya Eba Bekir."

Her iki konuşmaya şahit olan sahabiler şaşkındı.

"Nasıl olur? Her ikisine de doğru söyledin dediniz!"

Allah habibi cevap verdi:

"Ben bir aynayım. O aynada herkes kendisini görür."

Aynaydı O...

O aynada kendimizi görüyorduk...

Aynaydı O....

O aynada kendisini bizlere gösteriyordu.

Bizim o aynada gördüklerimiz, Allah'a yakınlık derecemizdi..

O aynayı nasıl gördüğümüz ise, imanımızdı.

Bu çalışma, o aynada yansıyan kadını görmek için çalıştı.

O aynadaki kadın nasıldı?

Ya da biz, o aynada kadını nasıl görüyorduk?

Hep tartışılageldi bu konu. Bu tartışılan konunun bir başka boyutu daha vardı aslında. O aynada gördüğümüz kadın, kendi dünyamızdaki kadındı.

O aynada görülenler kendi dünyamızda, görmediklerimizdi. Kendi dünyamızdaki olumsuz kadın bakışını, o aynaya veriyorduk Ebu Cehil gibi.

Bu çalışma, tüm gerçekliğiyle o aynadaki kadını göstermeyi hedefledi...

Nuriye Çeleğen

SUNUM

Hira'da doğdu güneş

İlk müjdeyi verdi Cebrail.

Zaman yeniden başladı... Kainat yeniden yaratıldı.

İlk sırrın, ilk sırrını paylaştı, Hira...

Büyük sırrı alan duramaz oldu Hira'da. Sığamaz oldu Hira'ya. Sığamaz oldu kainata.

Şimdiye kadar hissetmediği türden çok kuvvetli bir sevinç vardı içinde.

Dışarı çıktı...

Bir bayram vardı dışarıda. Canlı ve cansız tüm yaratılmışların bayramı...

Tüm varlıklar kapandı ayaklarına büyük müjdeyle sarhoş olarak. Tüm varlıklar ilk tebriki yapmak için yarıştı.

Kainat ayağa kalkmıştı...

Her yerden coşku dolu selamlar geliyordu:

"Esselamü aleyke ya Resulallah!"

"Esselamü aleyke ya Habiballah!"

Gözleri yaşlarla doldu...

Aldı selamları, kalbine koydu.

Ve ilk sırrı, bir ilkle paylaşmak için koştu... Evine koştu, eşine koştu...

Geçtiği her yerde varlıklar ayaklarındaydı...

Her taş, her ağaç, her çiçek, her böcek gökteki ve yerdeki her hayvan, tüm evren selama durmuştu ona.. .

Kainat tek bir dil olmuş, şakıyordu.

"Esselamü aleyke ya Rasulallah!"

"Esselamü aleyke ya Habiballah!"

Selamları ala ala koşmaya devam ediyordu peygamberimiz. İlk sırrı müjdelemek, ilk sırrı paylaşmak için koşuyordu...

"Örtün beni."

İlk sırrın mahremiyetini hissetmişti, sırrı paylaşacak olan. Örttü. O mahremiyetin teskincisiydi...

İlk sunumda ilkler oluştu böylece.

Allah...

Cebrail...

Peygamber...

Kadın...

İlk heyecanı bir kadınla giderdi Resulullah.

Kainata sığmayan heyecan, bir kadın kalbine sığdı.

İlk sırrı ona açtı.

İlk tebliği ona yaptı.

İlk konuşmayı bir kadınla yaptı.

Endişelerini söyledi eşine, düşüncelerini paylaştı. Bu büyük görevde neler olabileceğini anlattı.

"Ya Hatice, bana mecnun deyip dil uzatmalarından korkarım."

Müslümanların annesi heyecanlıydı. Sevgiyle, saygıyla baktı eşinin yüzüne. Kalbini söz olarak dillendirdi:

"Sen misafiri seversin.

Acizlere acır, yetimleri korursun.

İyi huylusun.

Doğru sözlüsün. Sana inanacaklardır. İlk inanan ben olmakla şeref duyuyorum!"

İlk destek bir kadından geldi...

İlk şahadeti bir kadın getirdi...

İlk sunumun muhatabı, bir kadın oldu...

NASIL SEVİYORSUN?

Hz. Aişe, peygamberimizle yeni evlenmişti. Eşinin kendisini sevip sevmediğini merak etmekteydi. Ya da kendisini ne kadar ve nasıl sevdiğini.

Aişe bu düşüncesini peygamberle konuşmadan edemedi.

"Ey Allah'ın Resulü, beni seviyor musun?"

"Evet, ya Aişe tabii seviyorum!" .

Aişe dahasını da merak ediyordu. Acaba nasıl seviyordu? Hemen sordu.

"Beni nasıl seviyorsun?"

Peygamberimiz sevgi şeklini tanımladı eşine:

"Kördüğüm gibi."

Bu cevap Hz. Aişe'yi çok sevindirdi. Çünkü kördüğüm açılmazdı. Açılmayan, bitmeyen sırlı bir sevgi demekti.

Alacağı cevap onu çok mutlu ettiği için, Hz. Aişe kadınca bir ihtiyaçla sık sık sorardı:

"Ey Allah'ın Resulü, kördüğüm ne alemde?"

Peygamberimiz, Aişe'yi memnun eden cevabı verdi her defasında:

"İlk günkü gibi..."

Sevmekte de eşsizdi O...

O aynaydı:

Yarattığı varlıkları çok seven ve onlar tarafından da çok sevilen Vedud'un...

BİR KADININ İMZASI

Hz. Aişe şimdiye kadar hiçbir kadında görülmeyen bir imzanın sahibidir. Genellikle hanımlar eşleri ile tanıtılırlar. Ya da eşlerinin imtiyazı ile toplumda yer edinirler.

"Falanın eşi, ya da ben filancanın hanımıyım.!"

"Ben peygamberin hanımıyım" demiyor Hz. Aişe.

Hz. Aişe farklı tanıtıyor kendisini insanlara. O öyle bir tanıtım ki, bu tanıtımla, peygamberin de nasıl bir eş olduğu tanınıyor.

Farklı bir imza kullanıyor Hz.Aişe.

O öyle bir imza ki, peygamberin eşleri ile olan sevgi bağının tarihe yansıyan bir imzası da oluyor.

Öyle bir imza ki, bir peygamber için, bir kadın bunu çekinmeden kullanıyor. Eşinden aldığı sevgi ve ilgi ile.

Hz. Aişe önce kendisini babasının ismi ile tanıtıyor. "Ebu Bekir kızı Aişe." Ve devam ediyor:

Allah'ın sevgilisinin sevgilisi....

Seviyordu O.

O aynaydı:
Sevilen, muhabbet edilen Mahbub'un...

KİMİ DAHA ÇOK SEVİYORSUN?

Bir gün Hz. Ebu Bekir kızı Aişe'nin evine gitmişti. Bu sırada Hz. Aişe de eşi Allah Resulüne kızıyordu. Kızma sebebi ise babası Ebu Bekir'di.

Aişe Peygamberimize diyordu:

"Sen Ali'yi babamdan daha çok seviyorsun?"

Hz. Ebu Bekir içeri girdiğinde kızının peygambere çıkıştığını görünce hızla yanına gitti. Onu tutup çekti ve tokat atmak istedi.

Ebu Bekir bir taraftan da bağırıyordu:

"Ey Ruman'ın kızı, bir daha Peygambere bağırdığını duymayacağım!"

Hz. Peygamber, baba ile kızın arasına girdi. Eşini tokat yemekten kurtardı.

Hz. Ebu Bekir çok kızmıştı, o kızgınlıkla çıkıp gitti.

Hz. Aişe üzülmüştü. Hem de babası için peygamberle çekişiyordu. Peygamberimiz eşinin gönlünü almak için dedi:

"Gördün mü seni babanın elinden nasıl da kurtardım."

Aradan çok zaman geçmemişti.

Ebu Bekir kızının evine geldi. Kızı ile Resulullah şakalaşıp gülüşüyorlardı.

"Ey Allah'ın Resulü!" dedi. "Çekiştiğiniz gün beni aranıza aldığınız gibi barıştığınız gün de alır mısınız?".

Peygamberimiz baba Ebu Bekir'e dedi:

"Tamam aldık, aldık."

O aynaydı: Her türlü suçu, günahı bağışlayan Gafur'un.

EV İŞLERİNE YARDIM ETTİ

Mekke'de ilk Müslüman olanlardan birisiydi Habbab. Azatlı bir köleydi.

O sevgilinin peşine takılıp yurdundan hicret etmişti.

Medine'deydi...

Bir gün O Sevgili onu bir görevle vazifelendirdi. Görev Medine'nin dışındaydı.

Uzun sürecekti.

Yani ailesinden uzun süre ayrı kalacaktı.

Habbab düşünmeden göreve gitti.

Arkada eşi vardı. Eşi, ev işlerini yapmasını bilmeyen bir hanımdı. Sığır ve keçilerini sağmasını da bilmiyordu.

Habbab bunları düşünmemişti bile.

Nasıl olsa her şeyi, herkesi şefkat kanatlarıyla kucaklamış bir peygamber vardı ailesinin yanında.

Allah Resulü de bu hanımın ev işlerini yapmasını bilmediğini biliyordu.

Habbab, Medine'den gittikten sonra artık Peygamberin her gün gittiği bir ev vardı.

Habbab'ın evi.

Her gün gidiyordu oraya.

Ev işlerini yapmasını bilmeyen bu hanımın, ev işlerini yapmak için. Eşi yokken onun üzülmemesi için.

Gönlünün kırılmaması için.

"Kadın iş yapmasını nasıl bilmez?" demiyordu. Veya bir başka kadın vazifelendirmiyordu.

Hiçbir şeye küçük mesele olarak bakmıyordu.

O İlahi adaletteki dengeye uyuyordu.

Belki o kadının eşinin yokluğundan rahatsızlık duyan kalbi, onun gittiği yerde muvaffak olmamasını netice verecekti.

Peygamberimiz, Habbab ev işlerinin başına dönünceye kadar her gün gitti evine.

Kadının işlerini yapmak için.

O aynaydı:

Hiçbir şeye muhtaç olmayıp, herkesin kendisine muhtaç olduğu Samed'in...

EŞ ARADI

Peygamberimizin dadısıydı. Ona süt vermişti. Onun doğumunda bulunmuştu. Doğum anında ne güzellikler yaşamıştı. Ne müjdelere şahit olmuştu.

Annesi Medine yakınlarında vefat edince yanında o vardı. Küçük yavruyu şefkat kollarında sarıp dedesine getirmişti.

Peygamberimiz onun için:

"Annemden sonra, ikinci annem" derdi.

İlk önce Habeşistan'a, sonra Medine'ye hicret etti. Ne zorluklar, ne sıkıntılar yaşamıştı bu hicret anlarında.

İlk önce, Ubeyd bin Zeyd ile evlenmişti. Ubeyd, Huneyn savaşında şehit olmuştu. Bu defa da dul kalmıştı.

Dadısı Ümmü Eymen'in durumu Peygamberimizin şefkat gözünden kaçmıyordu. Garipliğinin yanına bir de yalnızlığı eklenmişti.

Bir gün sahabilerine dedi ki:

"Kim cennetlik bir kadınla evlenmek ister?"

Ardından devam etmişti.

"Ümmü Eymen ile evlensin."

Ümmü Eymen'i bugünkü tabirle reklam ediyordu. Ona eş arıyordu. Bu koyu esmer hanımın dindarlığını reklam ederek onunla evlenmeye sahabeyi teşvik ediyordu.

Peygamberin arzusuna cevap Hz. Zeyd'den geldi.

Bu evlilikten Peygamberimizin çok sevdiği Üsame bin Zeyd doğdu.

Peygamberimiz Ümmü Eymen'i sık sık ziyaret eder ve şöyle derdi:

"Ehl-i Beytimden geriye bu kaldı."

Ümmü Eymen bir gün o gani kapıya gitti, dedi ki:

"Ey Allah'ın Resulü beni bir bineğe kavuştur."

Peygamberimiz süt annesinin yüzüne gülümseyerek baktı:

"Seni dişi devenin yavrusuna bindireceğim."

Ümmü Eymen itiraz etti.

"Deve yavrusu beni taşıyamaz ki."

Peygamberimiz ısrar etti.

"Seni dişi deve yavrusuna bindireceğim."

Ümmü Eymen Peygamberimizin latif şakasını ilk başta anlayamamıştı.

Bütün develer bir dişi devenin yavrusu değil miydi?

Her ihtiyaç sahibi ihtiyacını ondan rahatlıkla gidip istiyordu.

O aynaydı:

Bütün varlıkların her türlü ihtiyaçları hazinesinde bulunan Gani'nin...

KOCASINI SEVMİYORDU

Berire köle bir hanımdı. Köle olduğu için kendi isteğine bakılmadan evlendirildi. Berire zenci bir köle olan Mugis ile evliydi.

Bir gün Hz. Aişe, köle Berire'yi efendisinden satın alarak onu hürriyetine kavuşturdu.

Berire hür, kocası hâlâ köleydi. Artık kocası ile evli kalmak zorunluluğu da kalkmıştı. Berire zaten onu sevmiyordu, evliliğini sürdürmeyi bırakıp eşinden ayrıldı.

Mugis ise ona aşıktı ve onu çok seviyordu. Berire ondan ayrıldıktan sonra Medine sokaklarında Berire'nin etrafında ağlayarak dolaşıyor, ondan kendisine dönmesini istiyordu. Berire reddediyordu sürekli.

Peygamberimiz bu duruma hayret ediyordu. Mugis'in aşkına, Berire'nin ise nefretine.

Mugis her dertlinin kapısı olan o büyük kapıya koştu. Aşkını anlattı. Berire ile aralarını bulmasını rica etti.

Peygamberimiz Berire ile konuştu:

"Berire, keşke tekrar kocana dönsen."

Berire Peygamberimize sordu:

"Ey Allah'ın elçisi bu bir emir mi?"

"Hayır, ben sadece aracılık ediyorum."

Berire emir olmadığını öğrenince rahatladı.

"Benim ona ihtiyacım yok ya Resulallah. Onu sevmiyorum!"

Peygamberimiz, bu cevaptan sonra ısrar etmedi. Evlilik sevgiyi gerektirirdi...

O aynaydı:

Yardım eden, yardıma koşan, medet eden Mugis'in...

KONUŞ YA AİŞE

Peygamberimiz eşlerine karşı özel bir ilgi gösterirdi. Onlara özel kelimelerle hitap ederdi.

Onları sevdiğine dair sevgi sözcüklerini kullanmaktan kaçınmazdı.

Aişe'ye özel bir sevgi sözcüğü vardı.

"Gözbebeğim."

Gözbebeğiydi eşleri onun.

Onları öyle severdi.

Onları öyle korurdu.

Öyle sakınırdı.

Tüm kem gözlerden saklardı.

O gözbebeklerini hiç kırmadı.

Hiç incitmedi.

Hiç üzmedi.

Hiç ağlatmadı.

Hiç azarlamadı.

Gözbebeği Aişe'ye derdi bazen:

"Ya Aişe konuş, gönlümüz açılsın."

Aişe'si konuşurdu.

Eşinin konuşmasını isteyen bir eşti. Eşinin konuşmasından gönlü ferahlayan bir eş.

Peygamberliğin ağır yüküyle sıkıldığı zamanlarda Aişe'sinin elini tutardı.

"Ferahlat ya Aişe" derdi.

Aişe'sinin eliyle ferahlardı.

O aynaydı:

Yardımcı, arkadaş, yoldaş, nazik dost olan Refik'in…

ERKEN DOĞAN

İsminin anlamı herşeyi açıklıyordu onun.

"Erken doğan" demekti ismi.

O her şeye erken başlamıştı.

Her şeyi erken fark etmişti.

Mekke'de bir bayram günüydü.

Tüm kadınlar Kabe etrafında toplanmış kutlama yapıyorlardı.

Tüm kadınlar yüksek bir sesle irkildi.

"Ey kadınlar" diyordu şahıs.

Mekke kadınlarına hitap ediyordu.

Bakışlar bu hiç görmedikleri, tanımadıkları şahsa yöneldi.

Adam konuşmasına devam etti:

"Ey Mekke kadınları! Yakında sizin beldenizde peygamber gelecek. Onun adı Ahmed'dir. Aranızda kim ondan evlenme teklifi alırsa hemen 'evet' desin".

Kimsenin ilgisini çekmemişti bu sözler.

Birisi vardı ki onun yüreğine bir başka işaret daha düşmüştü.

Tüm kadınlardan önce erken anladı konuşmanın ne anlama geldiğini.

Erken doğmuştu kalbine peygamberin güneşi.

Erken almıştı bu kutlu müjdeyi.

Onun ismi erken doğan anlamına gelen Hatice'ydi.

Onun eşi aynaydı:

Gizli olanı, gayb alemlerini bilen Batın'ın...

ÖNCE EŞİNE YEDİRİRDİ

Hz. Peygamber eşlerine yardım etmekten hoşlanırdı. Koyunlarını sağar, elbisesini yamar, ayakkabısını tamir ederdi.

Kadınların her yönden eşlerinden beklediği ilgiyi gösterirdi. Her şeyi eşleriyle paylaşırdı. Sıkıntısını, mutluluğunu...

En önemli konularda onların görüşünü alırdı.

Her şeyi birlikte paylaşma alışkanlığını yemeklerinde bile görmek mümkündü peygamberin.

Hz. Aişe ile yemek yediklerinde herşeyi önce Hz. Aişe'nin yemesini isterdi.

Yeme ve içme konusunda bile onlara öncelik tanırdı.

Hz. Aişe'nin anlattığına göre Peygamber yemekte bir şey içilecekse önce Aişe'ye içirirdi. Sonra kendisi içerdi. İçerken de Hz. Aişe'nin içtiği yerden içmeye dikkat ederdi.

Bir et yemeği yeniyorsa mutlaka Aişe'nin elindeki parçayı alır, onun ısırdığı yerden kendisi de ısırırdı.

Bu şekilde aile içindeki "biz" kavramını örnekli olarak ders verirken eşlerini her şekilde memnun edip, onlara yakınlığını ve alakasını davranışıyla da gösterirdi.

Her davranışında eşlerine öncelik verdi.

Ve o buyurdu:

"Ahlakı en güzel olanınız eşlerinize en iyi davrananızdır."

O aynaydı:

Yalnızlara, kimsesizlere yoldaş olan Enis'in.

DECCAL ÇIKMIŞ

Yemenli Sevde isimli bir hanım peygamberin eşlerini ziyarete gelir. Peygamberimizin eşlerinden Aişe ve Hafsa'yı ziyaret eder. Yemenli hanım çok şık giyimlidir.

Bu çok süslü ve şık hanımı gören Hafsa, Aişe'ye der:

"Ya Aişe, Allah Resulü geliyor."

Hafsa, bu kendilerinden çok şık ve süslü kadını eşinden kıskanmıştır.

Aişe, Hafsa'ya çıkışır.

"Allah'tan kork!" der. Çünkü peygamberden bir kadını kıskanmak bir peygamber için düşünülecek şey değildir.

Yemenli hanım, Aişe ile Hafsa'nın kendi aralarında konuşmalarını merak eder, sorar.

Hafsa kadına der:

"Tek gözlü Deccal çıkmış, haberin yok mu?"

Kadın korkar ve titremeye başlar.

"Nereye saklanayım?" diye sorar.

Hafsa:

"Haymeye gir" der.

Hayme hurma dallarından yapılmış kimsenin girmediği, kirli bir yerdir. Kadın hemen oraya girip saklanır.

Kadının bu korkan haline Aişe ile Hafsa çok gülerler. Bu arada Peygamberimiz de gelmiştir. Gülme nedenlerini sorar. Soruyu üç defa tekrarlar. Onlar gülmeden cevap veremeyerek haymeyi gösterirler.

Peygamberimiz haymeyi açar, içinde korkudan titreyen zavallı kadını görür.

Peygamberimiz Yemenli kadına:

"Ne işin var senin burada?" diye sorar.

Kadın:

"O tek gözlü canavar çıkmış duymadın mı?"

Peygamberimiz:

"Çıkmadı, ama çıkacak." diye kadını girdiği yerden çıkartır. Kadının üstü başı tozlanmış, örümcek ağlarına bulanmıştır.

Eşlerine bu şakaları için darılmaz ve kızmaz...

O aynaydı:

Korkanlara emniyet veren Emanü'l-Haifîn'in...

EŞİ OLMADAN DAVETE KATILMADI

Peygamberimizin İranlı bir komşusu vardı. Güzel et yemeği yapardı.

Bir gün de Peygamberimiz için yemek yaptı. Sonra da Peygamberimizi davete geldi.

Peygamberimiz sordu.

"Aişe ne olacak, onu davet etmiyor musun?"

Adamın öyle bir düşüncesi yoktu. Yalnız Allah Resulünü davet ediyordu.

"Hayır" dedi.

Peygamberimiz de davetine "hayır" cevabını verdi.

Allah Resulü eşi olmadan bir davete katılmıyordu. O ayrı insan, ben ayrı insan düşüncesinde değildi.

Onun olmadığı yerde ben de yokum diyordu davranışıyla. Onun kabul edilmediği yere ben de gitmem diyordu. Aişe'yi istemeyeni o da istemiyordu.

Adam tekrar geldi, Peygamberimizi tekrar davet etti.

Peygamberimiz yine Aişe'yi göstererek:

"Bu yok mu?" diye sordu.

Ailenin, davete bütün olarak davet edilmesi gerektiği inceliğini kavramıştı davet eden.

Bu defa dedi:

"Evet, o da davetlidir."

Bunun üzerine Allah Resulü Hz. Aişe ile birlikte davete katıldı.

O aynaydı:

Kudret, hakimiyet, otorite sahibi olan Sultan 'ın...

BİNEKLER DEĞİŞİNCE

Bedir'e gidilecekti.

Yolculuğa çıkmadan önce hangi hanımların yolculuğa katılacağı kura ile belirlendi. Kurada Hz. Aişe ve Hafsa çıkmıştı.

Hz. Aişe yolculuk anında peygamberimizin diğer eşiyle halini anlamak istedi. Bir plan düşündü. Bu gerçekten ilginç bir plandı. Böyle bir fikir aklına geldiğine sevindi.

Hafsa ile binekleri değiştirdi. Binekleri değiştirirken de Hafsa'ya düşüncesini fark ettirmemek için dedi:

"Ben şuraları görmedim, sen benim bineğime bin, sen de görmediğin yerleri görürsün."

Peygamberimiz, Hafsa'nın bineğine yaklaştığında onda Aişe'nin, Aişe'nin bineğinde de Hafsa'nın olduğunu hemen fark etti. Aişe'nin düşüncesini de anlamıştı.

Binekte Hafsa varmış gibi peygamberimiz her zamankinden daha da çok ilgili davrandı binekteki eşine.

Yaptığı planın sonunda Aişe o derece rahatsız oldu ki sabaha kadar uyuyamadı. Peygamberin diğer eşine daha çok ilgili olduğunu öğrenmişti.

Demek peygamber diğer eşini daha çok seviyordu.

Aişe sabahı zor etti bu sıkıntılı düşünceler içinde.

Sabah olunca yılanları ve akrepleri çok olan otların içinde çıplak ayakla yürüyüp durdu.

Bir taraftan da dua etmekteydi:

"Allah'ım bir yılan akrep gönder de beni soksun."

Peygamberimiz Aişe'nin planın neticesinde ne hale geldiğini iyi bilmekteydi.

Aişe'ye seslendi:

"Ayaklarını çek yılanlar ısırır."

Aişe'nin cevabı:

"Isırsın. İyi ya benden kurtulursun."

Peygamberimiz, Aişe'nin yaptığı plan ile düştüğü haline fark ettirmeden gülümsemekteydi.

O aynaydı:

Hileleri bozan Hayrü'l-Makirîn'in....

BİR KALBE KAÇ SEVGİ?

Peygamberimiz bir gün Hz. Ali'ye sordu:

"Allah'ı sever misin?"

"Evet" dedi Ali.

"Ya beni?"

"Evet" dedi yine Ali.

"Fatıma'yı?"

"Evet" dedi Hz. Ali.

"Hasan ve Hüseyin'i?" dedi Peygamberimiz.

"Severim ey Allah'ın Resulü"

Peygamberimiz bu defa sordu:

"Ey Ali, bu kadar sevgiyi bir tek kalbe nasıl sığdırıyorsun?"

Ali, Peygamber sınavındaki bu soruya cevap bulamadı.

Eve gidip durumu eşi Hz. Fatıma'ya anlattı.

Hz. Fatıma eşine hayret etmişti. Buna cevap çok kolaydı. "Git söyle peygambere" dedi.

Hz. Fatıma öğretmişti eşine sevme şeklini:

"Allah'ı sevmen imanından, aklından.

Peygamberi sevmen gönlünden.

Beni sevmen nefsinden.

Hasan ve Hüseyin'i sevmen babalığından."

Peygamberimiz, Hz. Ali'nin bu cevabını duyduğunda gülümseyerek kaynağa işaret etti.

"Bu meyve peygamberlik ağacından alınmışa benziyor..."

O aynaydı:

Hakkıyla herşeyi bilen Maruf'un...

BİLLURLAR KIRILMASIN

Ümmü Süleym...

Enes'in annesi. Peygamberimiz Hac için Mekke'ye gidiyordu. Ümmü Süleym'e dedi:

"Bizimle Hacca gelmez misin?"

Ümmü Süleym mazeretini beyan etti.

"Ey Allah'ın Resulü iki bineğimiz var. Bunlardan birini kocam, birini de oğlum alıp hacca gidiyor. Bana binek kalmadı."

Peygamberimiz Ümmü Süleym'i eşlerinin bineklerine bindirerek o yıl Hacca götürdü.

Kadınların develeri arkadan geliyordu.

Enceşe isimli sahabe develeri sürmekteydi.

Enceşe, develerin daha hızlı yürümeleri için şarkı söylüyordu. Çünkü develer güzel avazdan hoşlanıp, hızlanırlardı.

Develer, Enceşe'nin güzel sesinden tempoya gelip hızlandılar.

Develerin bu hızı kimsenin dikkatini çekip, rahatsız etmedi. Çünkü hız demek, çabuk ulaşım demekti.

Fakat birisi vardı ki rahatsız olabilecek birilerinin varlığını hemen düşündü.

Develerin bir kısmında hanımlar bulunmaktaydı. Fazla bineğe binmeye ve deve koşturmaya alışık olmayan hanımları develerin bu hızı rahatsız edebilirdi.

Bu durumu fark eden peygamber, hanımlar rahatsız olur demeden, Enceşe'yi güzel, nükteli bir söz ile ikaz etti.

Onun ikazında kadına bakışı görülmekteydi. Kadını nasıl zarif ve latif düşüncelerle algıladığı.

"Enceşe dikkat et! Billurlar kırılmasın..."

O aynaydı:

Nezaketle muamele edip, yumuşak davranan Latif'in...

HATİCE EŞİNE NASIL DAVRANIYOR?

Ebu Talip, çok sevdiği yeğeninin Hatice ile evliliğine onay vermişti. Evliliklerinin ilk günleriydi. Evliliklerinin nasıl olduğunu merak etmekteydi amca Ebu Talip. Acaba Hatice, eşine nasıl davranıyordu?

Bu endişeleri taşıyan Ebu Talip, Neb'a adındaki cariyesini onların halini anlamak için yeğeninin arkasından gönderdi. Cariyeye tembihte bulunmayı da unutmadı:

"Git bak. Hatice ile araları nasıl?"

Cariye Peygamberimizin arkasından gitti. Birlikte Hatice'nin evine vardılar.

Eşinin gelişini gören Hatice ayağa kalktı ve onu kapıda karşıladı. Kocasının elinden tuttu onu sinesine basarak şöyle konuştu:

"Anam babam sana feda olsun. Bütün bunları ben senin gönderilecek Nebi olduğunu sanarak yapıyorum. Şayet gerçekten sen o isen beni unutma. Benim için de dua et."

Neb'a eşinin Hatice'ye cevabını da dikkatle dinledi:

"Şayet ben o isem elimden geleni yapar seni zayi etmem. Şayet o değilsem kendisi için zahmetlere katlandığın ilah seni zayi etmeyecektir."

Neb'a doğruca efendisi Ebu Talip'in yanına koştu ve gördüklerini baştan sona anlattı. Neb'a konuşmasına şöyle başlamıştı:

"Çok ilginçti..."

Onun eşi aynaydı:

Çok yüce olan Müteal'in...

BANA KAVUŞMAK İÇİN

Hz. Aişe'nin yanına sık sık giden bir sahabi onu hep aynı kıyafet içinde görüyordu. Öyle ki artık elbisesi iyice eskimiş ve parçalanacak hale gelmişti.

Sahabi Aişe'nin bu eski elbisesine dayanamadı ve dedi:

"Ey müminlerin annesi bu elbiseyi artık çıkarıp atsan."

Bu sözler Hz.Aişe'ye, çok sevdiği eşi Allah Resulünün kendisine kavuşma şartı olarak söylediklerini hatırlattı.

Aişe dünyada olduğu gibi ahrette de sevgili eşiyle olmak istiyordu.

Bu isteğini sık sık peygambere söyler,

"Haşirde beni hatırlayacak mısın?" tazında değişik sorularla bunu öğrenmek isterdi.

Allah Resulü de çok sevdiği eşi Aişe'ye kendisine kavuşabilmesi için gerekli olan şartları söylemişti:

"Eğer bana kavuşmak istiyorsan parçalanıncaya kadar bir elbiseyi atma ve erzak biriktirme!"

Hz. Aişe, ondan sonra evinde hiçbir şey tutmaz olmuştu. Öyle ki Hz. Aişe'nin her şeyi anında verme eğilimini kasteden yeğeni Hz. Abdullah bin Zübeyr teyzesi için şöyle demişti: "Onun elini bağlamak lazım"

Bu söz, teyzenin uzun süre, yeğeni ile konuşmamasına sebep olmuştu.

Onun eşi aynaydı:

Herşeyin gerçek sahibi olan Malik'in...

İSMİNİ DEĞİŞTİRMEK İSTEMEYİNCE

Hz. Ömer'in Mekke'de kalan iki eşi müslüman olmamıştı. Müşrik hanımlarla evlenmeyiniz hükmü gelince onları boşadı.

Medineli müslümanlardan Sabit bin Aklah'ın kızı ile evlendi.

Bu hanımın ismi Asiye idi. Peygamberimiz Medine'ye geldiği zaman ona ilk biat edip müslüman olan hanımlardandı.

Hz. Ömer, bu yeni eşinin ismini beğenmedi. Onu Cemile olarak değiştirmek istedi.

Asiye bu isteğe karşı çıktı. Nedeni de annesinin kendisine koyduğu isimle anılmak istemesiydi.

Hz. Ömer ve eşi bu anlaşmazlık konusunu peygambere sorma ihtiyacı hissettiler.

Peygamberimiz Asiye'ye dedi:

"Bilmez misin ki Allah, hakkı Ömer'in diline ve kalbine yerleştirmiştir."

Daha sonra Hz. Ömer'in bu yeni eşine dedi:

"Senin ismin Cemile'dir."

Onun hükümleri de cemildi.

O aynaydı:

Çok güzel olan Cemil'in...

HZ. ALİ'NİN EVLENMESİNE İZİN VERMEDİ

Hz. Fatıma örtüsüne çok dikkat eden birisiydi. Hatta örtüsü konusundaki hassasiyetinden dolayı cenazesinde dört kişinin dışında kimsenin bulunmasını istememişti.

Peygamberimiz küçük kızının bu örtü hassasiyetinin Rabbinin yanında nasıl makbul olduğunu gösteren müjdesini şöyle vermişti:

"Kıyamet günü olunca perde gerisinden bir münadi (seslenen) şöyle seslenecek:

'Ey mahşer halkı gözlerinizi kapayın. Fatıma binti Muhammed geçecek.'"

Evet Muhammed kızı Fatıma geçerken onun dünyadaki örtü hassasiyeti için gözlerimizi kapatacağız. Ya da onu görmek herkese nasip olamayacağı için.

Çünkü vefatından önce peygamberimiz onun kulağına önce ağlatan, sonra güldüren müjdeyi vermişti.

Ağlatan sırrı babanın vefat edeceğiydi. Güldüren sırrı da çok yakında ona kavuşacağı.

Sonra demişti Fatıma'sına:

"Sen, İmran kızı Meryem hariç, cennetteki diğer kadınların efendisi olacaksın."

Ebu Cehil'in kabilesinden bazı kimseler Hz. Ali ile Ebu Cehil'in kızını evlendirmek istemişlerdi. Bunun için peygamberimizden izin talep ettiler. Peygamberimiz bu teklife çok hiddetlendi:

"İzin vermiyorum" diye üç defa tekrarladı. Devamla dedi:

"Ali arzulu ise önce kızımı boşar, ondan sonra kızlarını nikahlar."

Peygamberimiz çok kızmıştı bu teklife. Daha sonra şöyle buyurdu:

"Fatıma benden bir parçadır. Onu ikrah ettiren şey, beni de

ettirir, ona eza veren şey, bana da eza verir. Ben ancak ve ancak onu belaya sokmalarından endişe ediyorum. Ben ne helali haram kılarım, ne de haramı helal. Vallahi Resulullah'ın kızı ile Allah düşmanının kızı bir adamın yanında ebediyen bir araya gelemez."

Sevgili Fatıma'sına dedi bir gün peygamberimiz:

"Senin gazap ettiğin şeye Allah da gazap eder, razı olduğun şeyden Allah da razı olur."

Fatıma'yı kızdıracak bir şey Allah'ın Hz. Ali'ye kızması neticesini verecekti ki Allah'ın izniyle Hz. Peygamberimiz bunu engelledi.

O tek eşi tavsiye eden peygamberdi...

O aynaydı:

Tek olan Ehad'in...

KİMİNLE EVLENEYİM YA RESULALLAH?

O, bir arkadaş gibiydi. Cinsiyet, yaş, ırk, sınıf ayırımı yapmadan herkesle ihtiyaç duydukları her konuda bir arkadaş gibi konuşur, sorunlarına çözüm yolları arar, bulurdu.

Peygamber bu küçük meseleyle ilgilenir mi? Onu rahatsız eder miyiz düşüncesi olmadan herkes problemlerini ona anlatırdı.

O da herkesin her derdini dinler, Allah'ın verdiği kudret, ileri görüşlülük ve merhamet ile her meselelerini hallederdi.

Fatıma binti Kays kocasından ayrılmıştı. Ayrılık anında da peygamber ona yardım etmiş, iddet müddetini geçireceği ev ayarlamıştı Fatıma'ya.

Fatıma bu arada kendisiyle evlenmek isteyen iki kişiden hangisini seçeceği konusunda kararsız kalmıştı.

Kararı belirlemek için birisine koşacaktı tabii. En doğru kararı kendisi için verecek olan birine.

Öyle de yaptı.

"Ya Resulallah" dedi. "Beni Muaviye b. Ebi Süfyan ile Ebu Cehm istiyorlar. Hangisini seçeyim?"

Peygamberimiz Fatıma binti Kays'a onların karakterlerini, hallerini açıklayan bir tanıtım yaptı:

"Muaviye fakirdir, parası yoktur. Ebu Cehm ise sopası omzundadır. Sen Üsame b. Zeyd ile evlen."

Yani birinin fakir, birinin kadını çok döven olduğunu söyleyip ona başka bir eş tavsiye ediyordu.

Fatıma'nın hoşuna gitmez Üsame.

Fakat peygamber tekrarlar:

"Sen Üsame ile evlen."

Peygamber sözünü reddetmeyen Fatıma peygamberin terbiyesinde büyüyen Üsame ile evlenir.

Yıllar sonra Fatıma der:

"Allah bana onu hayırlı kıldı. Çok mesut oldum."

O aynaydı: İrade eden Mürid'in...

KAPIYI AÇMADI

Peygamberimiz nezaket insanıydı. Eşlerinin odasına kapıyı çalmadan girmezdi. Kapıyı çalar ve onların izin vermesini beklerdi.

Bir gün, onun günü olmamasına rağmen Aişe'nin odasına geldi. Kapıyı tıklattı. Bekledi. İzin verilmemişti. Tekrar vurdu kapıya.

Yine bekledi.

Hz. Aişe kapıyı açıp eşini buyur etti.

Peygamberimiz, Aişe'ye sordu:

"Kapıyı duymadın mı?"

Aişe'nin cevabı

"Duydum." oldu.

Aişe duymuştu, ama kapıyı açmamıştı.

Peygamberimiz ona "niçin açmadın duyduğun halde" demedi. Aişe niçin açmadığının açıklamasını kendisi yaptı:

"Benim günümün dışında bana geldiğini diğer hanımların da bilmelerini arzu ettim. Bunun için kapıyı tekrar tekrar vurmanı istedim."

Peygamberimiz çok sabırlı ve anlayışlı bir aile reisiydi. Eşlerinin her türlü davranışlarını hoşgörüyle karşılardı.

Her konuda olduğu gibi bu konuda da insanlara örnek oluyor, erkeklere eşlerine sabır, anlayış ve hoşgörüyle yaklaşmaları gerektiğinin işaretlerini veriyordu. O hataları gizliyor, yüzlerine vurmuyordu.

O aynaydı:

Ayıpları kusurları örten, kusurları göstermeyen Settar'ın...

ALLAH SELAM GÖNDERDİ

Hz. Hatice, peygamberimize duyduğu muhabbetle ilk aşkı başlattı. İlk gerçek manada aşk bir kadın kalbinden doğdu.

Allah'ın "Habibim" dediği kişiyi o da habib bildi.

Hatice'nin öyle sevgilisiydi ki o, yemek taşırdı aylarca ona Hira'ya.

Bir gün Cebrail (a.s) geldi ve dedi:

"Ey Allah'ın Resulü işte Hatice geliyor. Beraberinde bir kap var, içerisinde katık, içecek mevcut. O yanınıza ulaştığı vakit, ona Rabbinden ve benden selam söyleyin ve onu, gürültü ve yorgunluk bulunmayan cennette, içerisi oyulmuş inciden mamul bir ev ile müjdeleyin."

Peygamberimiz, Allah'ın ve Cebrail'in selamını Hatice'ye verdi. Hz. Hatice selamı ince bir sır ile aldı, dedi ki:

"O şanı yüce Rab Teala Selam'ın kendisidir. Selam O'ndandır. Cebrail'e de bizden selam olsun."

Allah'tan gelen selam, Hz. Hatice'nin manevi yüceliğini gösteriyordu. Selamı alış biçimi de onun ilmî genişliğini...

Hz. Hatice anlayışı ile Cenab-ı Hakk'a selam verilmeyeceğini, selamın mahlukata verileceğini bilmekteydi. Hem de Selam, Allah'ın ismiydi.

Selamda, selamet duası yapılmaktaydı. Bunun için Allah'a selam söylenmesi uygun olmazdı.

Bu sırrı anlamayan sahabilerden bazılarının, tahiyyatta Allah'a selam vermeleri üzerine peygamberimiz bunu men etmişti.

Hz. Hatice hem Allah'ın, hem Cebrail'in selamını alan tek kadın olmaktaydı.

Ve Allah tarafından cennet müjdesi daha dünyadayken verilmekteydi...

Onun eşi aynaydı:

Kusur, noksanlık, afet ve bela gibi şeylerden uzak olan Selam'ın...

EŞİN Mİ GÜZEL, SEN Mİ?

Yeni müslüman olmuştu. Peygamberimizin huzuruna koştu. Onu görecekti, ona bağlılığını sunacaktı.

Kalbi heyecanla coştu. Peygamberinin yüzüne baktı.

Bu nasıl güzellikti. Bu nasıl sevimlilikti.

Onu o kadar sevdi ki! Her şeyden çok sevdi. Tüm sevdiklerini ona vermek istedi.

Henüz örtü ayeti gelmemişti. Kadınlar erkeklerin yanında oturabiliyordu. Aişe de oradaydı.

Bu yeni müslüman olan kişi Peygambere öyle bir gönül verdi ki Hz. Aişe'yi eş olarak ona pek yakıştıramadı. Güzelliğini uygun bulmadı.

Bir şeyler yapmalıydı. Masum dileğini hemen Peygambere bildirdi.

"Ey Allah'ın Resulü benim bu beyaz kadından daha güzel iki eşim var. Onlardan birini boşayayım da sen al" dedi.

Bu nasıl bir sevgiydi ki en sevdiği şeyi peygamberine verebiliyordu.

Bu yeni müslüman Dahhak b. Süfyan el-Kilabi, tüm samimiyetiyle peygambere kendisince Hz. Aişe'den daha güzel bir eş teklif ediyordu. Kendi eşini...

Duyduğu nasıl bir sevgiydi ki en değerli ve en sevdiği insandan vazgeçebiliyordu.

Peygamberimiz gibi insan haklarına saygılı birinin bu teklifi kabul etmeyeceği açıktı. Gülümseyerek reddetti.

Hz. Aişe ise bu teklifi pek münasebetsiz buldu. Adama kızmıştı. Hem de eşinin Aişe'den daha güzel olduğunu söylüyordu.

Dahhak ise yaratılışça güzel değildi. Yüzü ve görünüşü hoş olmayan birisiydi.

Hz. Aişe hemen Dahhak'a sorusunu sordu.

"Söyle bakalım sen mi güzelsin, yoksa o boşayacağın kadın mı daha güzel?"

Bu soru Dahhak'ı rahatsız etmişti. Hemen cevapladı.

"Tabii ki ben güzelim."

Dahhak'ın bu cevabı ve Hz. Aişe'nin imalı nüktesi Peygamberimizi güldürmüştü...

O aynaydı:

Bütün varlıkların rızasına ermeyi, cemalini görmeyi arzuladıkları Maksud'un...

HER ADIMA CEHENNEMDEN BİR KİŞİ

Peygamberimizin damatlarından Hz. Osman zengin biriydi. Peygamberimizi evine yemeğe davet etmişti. Peygamberimizin kendisine gelmesinden o kadar memnun olmuştu ki bu memnuniyetini belirtmek için Peygamberimiz evine gelinceye kadar her adımı için bir köle azat etmişti.

Peygamberimizin diğer damadı Hz. Ali ise fakirdi. Peygamberi evine davet etmek istiyordu, ama ikram edecek bir şeyi yoktu. Hele azat edecek kölesi hiç yoktu.

Fatıma eşinin bir rahatsızlığı olduğunu hemen fark etti. Nedenini anlamakta gecikmedi.

Onlar da peygamberi davet edebilirlerdi. Hz. Fatıma, Hz. Ali'yi peygamberi davet etmeye ikna etti.

Davet Allah rızası içindi.

Çok bir şeyin olması gerekmiyordu. Evde ne varsa onu ikram ederlerdi.

Peygamberimiz davet günü kızının evine gitmek için yola çıkmıştı. Sahabiler de beraberindeydi. Fakat O, o kadar küçük adım atıyordu ki sanki yürümüyordu.

Eve varıncaya kadar bu yürüyüş şekli devam etti. Evin önüne varılmıştı. Sahabiler bu yürüyüş şeklinin sebebini sormadan edemediler. Cevap Fatıma'nın niyetindeki makbuliyetti:

"Davet için yola çıktığım an Cebrail, Allah rızası için olan bu davetten Allah'ın son derece memnun olduğunu, bundan dolayı her adımım için, ümmetimden 100 bin kişiyi cehennemden çıkartacağını haber verdi. Onun için adımlarımı o kadar küçük attım."

O aynaydı:

Çok fazla bağışlayan, ihsanda bulunan Vehhab'ın..

BUNU ANNENE OKU

İslamın yedinci müslümanıydı Hz. Ammar...

Bir gün Peygamberimiz onu yanına çağırdı ve sure-i Tekvir'den on beş ayeti okudu. Sonra buyurdu ki:

"Ya Ammar! Bunları mutlaka annene oku."

Ammar bu emirle koştu annesinin yanına.

Okudu Ammar:

"Güneş dürülüp toplandığında.

Yıldızlar döküldüğünde.

Dağlar yürütüldüğünde.

Gebe develer başıboş kaldığında.

Vahşi hayvanlar bir araya toplandığında.

Denizler tutuştuğunda.

Ruhlar bedenleriyle birleştiğinde."

Okudu Ammar annesine.

O her şeyi kadınlarla paylaşır ve paylaşmasını öğretirdi.

Eşi varsa eşi, eşi yoksa paylaştırdığı hanım anneler, anneanneler, teyzeler, halalar olurdu.

Ammar da kıyametin dehşetli anlarının anlatıldığı tabloyu annesiyle paylaştı.

Dinledi Ammar'ın annesi...

Annenin gönül dünyasına Kur'an'ın mesajı düştü.

"Annene oku, annenle paylaş" buyruğunun iltifatı annenin kalbini İslam nuruna açtı.

Kim bilir o açışta, o ayetlerin arkasında hangi manzaralar göründü. Hangi yansımalar yaşandı.

Ammar'ın annesi öyle bir coşkuya kapıldı, öyle bir cazibeye takıldı ki ağlaya ağlaya müslüman oldu.

Oğlu yedinci müslümandı. Anne Sümeyye de yedinci hanım müslüman oldu.

O aynaydı: Herşeyi fıtratı üzerine hiçten yaratan Fatır'ın...

FAKİR KADIN

Fakir bir kadındı. Zenciydi.

İman, gönül aynasını temizleyince o da bir şeyler yapmak istedi. İslama onun da katkısı olmalıydı.

Yaşlıydı, savaşa katılamazdı. Yapacağı tek şey vardı. O da öyle yaptı.

Peygamberinin mescidinin temizlik işlerine bakmağa başladı. Mescidi süpürüp temizliyordu.

Bir ara mescitte görünmez oldu siyahi kadın.

Peygamberimiz yokluğunu hemen hissetti.

Sordu ashabına.

Sahabiler cevap verdiler:

"Vefat etti ey Allah'ın Resulü."

Peygamberimiz üzülmüştü, kendisine vefat haberinin verilmemesine.

Ashab o inceliği düşünememişti. Nereden bilebilirlerdi Allah Resulünün gönül aynasında görüntüye giren herkesin ayrı bir yeri olduğunu, o zavallı siyah kadına, Peygamberin bu derece önem vereceğini.

Sahabilere sitemle dedi ki Peygamberimiz:

"Bana haber vermeniz gerekmez miydi?"

Onun özünde herkes önemli, herkes değerliydi.

Artık yapılacak bir şey yoktu.

Belki yakınları da yoktu taziyeye gitmek için. .

Sahabeye buyurdu:

"Bana kabrini gösterin."

Sahabe kabrini gösterdi Allah Resulüne.

Peygamberimiz zenci kadının kabrinin yanına gitti. Namaz kıldı. Onun için dua etti. Şöyle buyurdu:

"Şu kabirlerin içi, orada yaşayanlar için karanlıklarla doludur. Allah onlar için kılacağım namaz (yapacağım dua) ile orasını onlara aydınlık yapar."

O vefa insanıydı.

O aynaydı:

Her varlığın bütün ihtiyaçlarına yeterli gelen Kafi'nin...

ALLAH İLE KONUŞMA

Rabbine gidecekti. Onunla konuşacaktı. Bu konuşmanın nasıl olacağını öğretmişti Cebrail.

Rabbi onu bekliyordu.

Bu konuşma için kainat yaratılmıştı. Bunun için "Sen olmasaydın alemleri yaratmazdım!" demişti Rabbi.

Bu konuşma için her şey varlık alemine gelmişti.

Onu o kadar seviyordu ki Rabbi. İlk konuşmayı Cebrail'in öğretisi ile tek başına yapmıştı.

İlk defa Onun huzuruna gitti .

Onun öğrettiği konuşmayla, onunla konuştu. Dinledi Rabbi onu.

Huzuruna çıkmıştı. Ona muhatap olmuştu.

"İyyakena'büdü" demişti.

Aczini bildirmişti, kulluğunu ilan etmişti.

"İyyakenasta'in" deyip Ondan yardım dilemişti.

İlk namazı kılmıştı Peygamber.

Bu ilkin bir ilki olmalıydı.

Bu kulluk zirvesini en sevdiğiyle paylaşması gerekiyordu.

Böyle bir mutluluğu başkası ile paylaşmadan edemezdi. Şefkati sevgisi el vermezdi.

Sevgili eşini de yanına almalıydı Rabbine gidişte. Bu ilk gidişin ikincisi de ancak o olabilirdi.

Cebrail'in öğrettiği gibi abdest almayı öğretti Hz. Hatice'ye Ve namaz kılmayı.

Arkasına alıp Rabbinin huzuruna ilk defa bir kadını götürdü.

Ona ilk götürdüğü en çok sevdiği oldu.

İlk imanı, bir kadınla paylaşmıştı.

İlk imamlığını, bir kadına yaptı.

İlk Rabbi ile konuşmayı da.
İlk vahyi de bir kadın duydu.
İlk İslamı, bir kadın kabul etti.
İlk namazı, bir kadın kıldı.
İslam için ilk şehit, bir kadın oldu.

O aynaydı:
Dilediğini öne geçiren Mukaddim'in...

OĞLUM NEREDE?

Ümmü Harise, Hz. Enes'in halasıydı. Oğlu Harise annesine çok saygılı bir gençti.

Harise, Bedir savaşına katılmıştı. Savaştan sonra havuzdan su içerken isabet eden bir okla şehit olmuştu.

Oğlunun şahadetine anne Ümmü Harise çok üzülmüştü. Üzüntüsü dinmek bilmiyordu.

O kapıya koştu.

"Ey Allah'ın Peygamberi. Bana oğlumdan haber verir misin? Yeri neresidir?"

Anne yüreği, oğlunun ahretteki yeri için endişe ediyordu.

Ümmü Harise dedi:

"Ya Resulallah, eğer oğlum cennette ise sabredeceğim, eğer başka bir yerde ise dünyada kaldığım sürece ağlamaya devam edeceğim."

Peygamber, oğlunun durumunu merak eden bu üzüntülü anneye oğlunun durumundan haber verdi.

Bedir gibi önemli bir savaşta şehit olan bu genç hakkında peygamber, annesine dedi ki:

"Ey Ümmü Harise! Şüphesiz cennette pek çok bahçeler vardır. Ama senin oğluna Firdevs-i A'la nasip oldu."

Peygamber, annenin merakını gidermek için orayı tanımlamaya başladı:

"Onun tavanı Arş-ı Rahmandır. Cennetteki nehirler buradan kaynar. Allah yolunda atılan bir adım, dünya ve içindekilerden daha hayırlıdır. Sizden birinin yay ve okunun işgal ettiği yer Cennette dünya ve içindekilerden daha hayırlıdır.

Cennet kadınlarından biri dünyada görünecek olsa, yeryüzünü ve onda bulunan her şeyi nuruyla aydınlatırdı.

O kadının başörtüsü ise dünya ve içindekilerden daha hayırlıdır."

O aynaydı: İhsanı bol, çok nimet veren Mennan'ın...

HATEM-İ TAİ'NİN KIZI

Putlara tapan bir kabileydi Tayy kabilesi. Peygamberimiz bunların üzerine Hz. Ali'yi gönderdi. Hz. Ali'nin gelmekte olduğunu duyan kabile reisi Adiyy bin Hatem, çareyi Şam'a kaçmakta buldu.

Ali, vazifesini yerine getirdi, pek çok esirle Medine'ye döndü. Esirler içerisinde bir de kadın vardı. Ağırbaşlı, oldukça zeki bir kadın.

Bu kadın, Peygamberimize yakın bir odada kalıyordu. Peygamberimiz, Seffane isimli bu kadının odasının yanından geçerken kadın ayağa kalktı, kendini tanıttı:

"Ya Resulallah! Babam dünyadan göçmüş, kardeşim ise kaçmış. Kurtulmak için verecek bir şeyim yok. Hürriyete kavuşmak için yüksek affına, merhamet ve şefkatine sığınıyorum."

Peygamberimiz, Seffane'ye kim olduğunu sordu:

"Ya Resulallah ben aileleri koruyan, esirlerin esaret bağlarını çözen, açları doyuran, çıplakları giydiren, misafirleri ağırlayan, yemekler yediren, selamlaşmayı yayan Hatem-i Tai'nin kızıyım."

Seffane'nin kendisini böyle tanıtması Peygamberimizin hoşuna gitti. Dedi:

"Ey hanım! Bu saydıkların gerçekten müminlerin sıfatlarıdır. Keşke baban müslüman olsaydı da onu rahmetle ansaydık."

Peygamberimiz, Seffane'yi hürriyetine kavuşturdu, ona ikramlar ederek Şam'a kaçan kabile reisi kardeşi Adiyy'in yanına gönderdi.

Seffane gördüğü şefkatli muameleyi kardeşine anlattı.

Kardeşi:

"Bu zat hakkında fikrin nedir?" diye sordu.

Seffane kardeşine dedi:

"Hemen git, tâbi ol."

Kardeşi düşünceye dalınca Seffane:

"Ne kaybedersin, eğer peygamber ise bir an önce hayra erersin. Eğer padişah ise, Yemen'deki saltanatına bir şey olmaz."

Adiyy, kız kardeşini dinledi ve Medine'ye gitti.

Babası gibi meşhur olan bu zatı Peygamberimiz evinde ağırlamak istedi.

Peygamberimiz misafiri ile birlikte evine giderken yoluna ihtiyar bir hanım çıktı. Peygambere uzun uzun derdini anlattı. Peygamber, ihtiyar kadının sözünü kesmeden sonuna kadar dinledi.

Adiyy bir yaşlı kadınla bir padişahın böyle konuşmayacağını bildiği için dedi:

"Vallahi bu padişah değil."

Sonra peygamber odasında deri şilteye misafiri oturttu. Adiyy oturmak istemedi, ama peygamber kabul etmedi. Hz. Peygamber, Adiyy'in karşısına çıplak yere oturdu.

Peygamber onu üç defa İslama davet etti. Adiyy:

"Hıristiyanım" dedi.

Peygamber, ona engel olan şeyin müslümanların çoğunun fakirliği olduğu düşüncesi ile dedi:

"Vallahi öyle bir gün gelecek ki o gün müslümanlar bol servete kavuşacaklar."

"Sen Hire'yi bilir misin?" diye sordu Adiyy'e. Cevap beklemeden devam etti.

"İşte bu din öylesine bir emniyet, bir asayiş temin edecek ki bir kadın tek başına Allah korkusundan başka hiçbir korku duymayarak Hire'den kalkıp Kabe'yi tavaf etmeye gelecektir."

Adiyy'in gönlü biraz daha açıldı İslama ve müslüman oldu.

Belki de onu üçlü bir kadın basamağı İslama taşımıştı. Birincisi kız kardeşi, ikincisi yolda gördüğü yaşlı kadın, üçüncüsü de peygamberin verdiği kadın örneği.

O aynaydı: Bir olan Vahid'in...

EŞİNİ DÖVME

Peygamberimize gelen hanımlardan bazıları, eşlerinin kendilerini dövdüğünden şikayet ederlerdi.

Bu hanımlardan biri, peygamberimize eşinin kendisini nasıl dövdüğünü ayrıntılı bir şekilde anlattı:

"Ey Allah'ın Resulü kocam eş olarak görevini yerine getirmekten aciz. İş bilmez, ahmak biri. Buna rağmen başımı yarar, vücudumu yaralar, bedenimi kan içinde bırakır. Her türlü zulüm ondadır. Dayak atmak, kafa yarmak."

Peygamber dünyasında olmayan bu davranışlara, Resulullah şiddetle karşı çıkardı.

Peygamberimiz erkeklere eşlerini dövmeyi yasaklamıştı. Hatta bu konuda kısas uygulatmayı da düşünmüştü.

Kadının eşini şikayet ettiği gibi, hanımını da peygambere şikayet için gelenler olurdu.

Bu konuda Hz. Aişe der ki:

"Ashabdan biri Peygambere gelerek, karısının hakaret dolu dilinden şikayet etti."

Peygamber, hanımından şikayette bulunan bu şahsa dedi:

"Karına iyilikle söyle. Eğer kendisinde yetenek varsa yapacaktır. Yoksa eşini eşeğini dövenler gibi dövmeyesin!"

O aynaydı:

Ne kadar çok ve büyük olursa olsun dileyince suçları bağışlayan Gaffar'ın...

MUHAMMED TÜRKÜSÜ

Peygamberimiz ve sahabiler Mekke'de zor günler yaşıyorlardı. Müşrikler onlara ekonomik ambargo uyguluyorlardı. Yiyecek bulamıyordu müminler. Çocuklar açlıktan ağlıyordu, büyükler karınlarına taş bağlıyordu.

Mekke dışında bir kadın vardı ki Peygambere destek için köyleri dolaşıyordu. Kavminin küfrüne aldırış etmeden o ekonomik ambargoyu delip, onlara yardım gönderiyordu.

Peygamberimiz hicret etti...

Yıllar geçmişti. On yıl kadar.

Huneyn savaşı olmuştu. İslama girmeyen bir kavim 6 bin kişi ile esir edilmişti.

Bu kavmin içinde esirler arasında bir kadın vardı.

Kavmi daha iyi muamele görebilmek için bu kadını peygamberimizin huzuruna gönderdiler. Kadın peygamberimizin huzuruna çıktı, kendini tanıttı.

"Ben Halime'nin kızıyım. Senin süt kardeşin Şeyma."

Peygamberimiz:

"Delilin nedir?" dedi.

O da "Ben seni çocukken sırtımda taşırken bir gün sırtımı ısırmıştın." dedi.

Peygamberimizin gözleri yaşardı onu tanımıştı.

Hemen omzundaki ridasını yere serdi üzerine oturttu. Bu çok sevdiği kişilere yaptığı davranıştı.

Şeyma isteğini belirtti.

"Esirlere iyi davranılsın."

Vefa insanı daha ötesini yaptı.

"Altı bini de diyetsiz serbest bırakılsın."

Şeyma ağlamıştı.

Peygamberimiz "memnun olmadın mı?" diye sordu.

Şeyma, kavminin küfrün esirliğinden kurtulmalarını da istiyordu.

Peygamberimiz bunun için de dua etti. Aynı anda tüm esirler tekbir getirerek müslüman oldu.

Şeyma'nın bir isteği daha vardı. Eşinin iman etmesi. Ona aşıktı.

Peygamberimiz:

"Ya Şeyma!" dedi." Onun kalbi mühürlü, ama o da olur inşallah."

Süt kardeşinin kalbinin mahzun olmasını istemedi. Kısa bir zaman içinde Şeyma'nın çok sevdiği eşi Bigat da müslüman oldu.

Peygamberimiz onları hediyelerle yurtlarına yolcu ederken, Şeyma'nın en zor günlerinde yaptığı hizmeti unutmamıştı..

Çölde güzel sesiyle Muhammed türküsü okuyup, para toplayarak peygamberimize yardım göndermesini...

"Köleler mazlumlar acı çekenler!

Müjdeler olsun,

Muhammed geldi.

Alemlerin çiçeği açtı.

Müjdeler olsun,

Muhammed geldi..."

O aynaydı:

Herşeyi muhafaza edip, saklayıp koruyan Hafiz'in...

CENNETLİK KADIN

İbn Abbas bir gün Ebi Rebah'a dedi:

"Sana cennetlik bir kadın göstereyim mi?"

Ebi Rebah "göster" dedi.

İbn Abbas:

"İşte şu gördüğün siyah kadın. Bir defasında Allah Resulünün yanına geldi ve dedi.

'Ben sara hastasıyım. Nöbet geldiği zaman kendimi kaybediyorum, üstüm başım açılıyor. Benim için Allah'a dua et, hastalığıma şifa versin!"

Kadının bu isteği üzerine Allah Resulü kadına bir teklifte bulundu. Ona dedi ki:

'İstersen sabret, sana cennet verilsin. İstersen de sana şifa verilmesi için Allah'a dua edeyim.'

Allah Resulünün teklifi, minberindeki kuru direk ağladığı zaman ona ettiği teklife benziyordu.

Kadına dünya mı, ahret mi teklifini yaptı.

Siyahi kadın, tereddüt bile etmeden seçimini yaptı. Seçimi ahretten yanaydı.

Peygamberimize dedi:

"Öyleyse sabredeceğim."

Fakat kadını rahatsız eden başka bir konu vardı. Şifa duasını da bunun için istemişti.

Nöbet anlarında şuurunu kaybettiği için elinde olmadan örtüsünün açılmasıydı.

Peygamberden bu konuda dua istedi.

"Dua et üstüm başım açılmasın."

Allah Resulü örtüsü konusunda bu derece hassasiyet gösteren kadının isteğini kabul etti. Nöbet anlarında örtüsünün açılmaması için ona dua etti...

O aynaydı:

Bütün dualara, istek ve arzulara cevap veren Mucib'in...

HÜZÜNLÜ YIL

Peygamberimizin, peygamberliğinden önce Hira mağarasında kalışları vardır.

Saflığın son haddine geliş anları.

Bu dönemlerde, bu manevi yücelişin bir de kadın boyutu vardı. Hira'nın arka yönü. Günlerce Hira'daki eşine yemek taşıyan, su taşıyan biri.

Her gün o dağ yollarını aşan birisi.

Peygamberimizin kırk yaşında olduğu düşünülünce onun da elli beş yaşlarında olması gerekir.

Her gün Mekke'den Hira'ya yol aldıran sevgi...Sevginin yollara dökülüşü...

Hira denince bir kadının varlığı unutulmamalı. Hira denince bir kadının sevgiyi yol eylemesi, gözden uzak tutulmamalı.

Bir gün korktu bu hanım...

Hira'daki sevgilisinden korktu. Ya ona bir şey olursa. Bu düşüncelerle bekledi orada. Tam üç gün. Sevgilisine fark ettirmeden. Üç gün bir kayanın arkasında oturup, bekledi.

Cebrail, haber verdi, Hatice'nin durumunu.

"O hep burada kalıyor. Senin himayen için en zor görevi o yapıyor."

O hep eşinin yanındaydı.

Hangi durumda, hangi halde olsa.

Bu sevgiye, eşinden tam sevgiyle karşılık görürdü hep.

Hz. Hatice ayrıldı bu dünyadan. Bu ayrılık peygamberi o derece üzdü ki, onun vefat ettiği yılı isimlendirdi:

"Hüzün yılı!"

Belki tarihte eşinin vefatı için bir yıla isim vermek hiç görülmemiş bir başlangıçtı.

Hz. Hatice'nin vefatı Peygamberimizi o derece üzmüştü ki

Allah, Cebrail ile peygamberine taziyede bulundu.

Ölümüne Allah'ın taziyede bulunduğu ilk insandı Hatice. Allah'ı üzüntüsüne taziyede bulunduracak kadar eşinin vefatına üzülen tek eşti Peygamberimiz efendimiz de...

O aynaydı:

Yeniden yaratan Bais'in...

EVİNİ NASIL VERDİ?

Peygamberimiz sahabileriyle oturuyordu. Onlara Allah'ın kelamından bir ayet okudu:

"Muhtaçlara ve fakirlere yardım ederken, malınızın kötüsünü değil de iyisini vermedikçe olgun bir imana kavuşmazsınız.

İmanda en yüksek mertebeye çıkmak istiyorsanız, yoksullara malınızın en hoşunuza gidenini bağışlayınız." (Ali İmran 92)

Ebu Talha'yı can evinden vurmuştu bu ayet.

En çok sevdiğini vermedikçe iman etmiş sayılmamak. Hakiki iman edememe korkusu.

Bir an düşündü Talha.

Kalbini yokladı.

En iyi malı hangisiydi, ya da en çok sevdiği?

Sıcak Medine günlerini serin serin geçirdiği yer aklına geldi birden.

Hurmalık bahçesi ve içerisindeki evi.

Hemen Peygamberimize dedi:

"Ey Allah'ın Resulü benim en çok sevdiğim malım hurmalık bahçem. Onu Allah için hibe ediyorum."

Evine döndü Talha. Eşi Rumeysa bir hurmanın gölgesi altında oturuyordu. Rumeysa, eşini bahçenin dışında bekler görünce seslendi.

"Ey Talha! Neden orada bekliyorsun içeri gelsene?"

Talha dedi:

"Ben içeri giremem."

Rumeysa şaşırmıştı. "Niçin ey Talha? Bu bahçe bizim değil mi?"

"Hayır" dedi Talha.

"Artık bizim değil."

Peygamberimizin yanındayken olan hadiseyi anlattı ona.

Rumeysa sordu bu defa eşine:

"İkimiz için mi bağışladın, yoksa kendin için mi?"

"İkimiz için" dedi Talha.

Rumeysa'nın cevabı hakiki iman edenlerin özelliğini gösterir nitelikteydi.

"Allah razı olsun senden Talha. Ben de aynı şeyleri düşünürdüm. Bekle geliyorum."

Rumeysa arkasına bile bakmadan çıktı evinden ve bahçesinden.

Fani mallarını, Baki olan Zat'a vermişlerdi.

O Baki de öyle Baki kıldı ki o bahçeyi. Daha dünyada iken cennet bahçesi eyledi.

Bu bahçe şu an Peygamberimizin Ravzasının içerisinde bulunmaktadır.

Peygamberleri aynaydı:

Dilediği varlığa beka verip, onları sonsuz ve kalıcı hale getiren Baki'nin...

PEYGAMBERİN EN ÇOK SEVDİĞİ

Yeni müslüman olan sahabilerden Amr b. As'ı Peygamberimiz İslam ordusunun başında Zatü's-Selasil'e gönderdi.

Orduda Hz. Ebu Bekir ve Hz. Ömer de vardı. Bu büyük sahabelere kumandan olduğuna göre peygamberin kendisini çok sevdiğini düşündü Amr bin As.

Hemen peygamberin yanına gidip, bu düşüncesini sordu.

"Ya Resulallah! Halkın sana en sevimlisi kimdir?"

Peygamberimiz Amr'a: "Aişe" dedi.

Amr tekrar sordu: "Sonra kim?"

"Aişe'nin babası."

Amr yine sorduğunda peygamberimiz:

"Ömer" demiş ve sonra daha pek çok kişinin ismini saymıştı.

Şimdiki insanın anlamakta güçlük çekeceği bir şey.

"En çok kimi seviyorsun?" dendiğinde "eşimi" diyebilmek.

Mahrem sınırı içinde, kadının ismini bile gizleyen bir anlayışın karşısında peygamberimiz, Aişe'sini her an ismiyle anıyor, her zaman yanında taşıyordu.

Onu, tüm insanlar içinde en çok sevdiği kişi olduğunu, söylemekten çekinmiyordu...

O aynaydı:

Dost, gözetici olan Veli'nin...

EVİNE NİÇİN GİRMEDİ?

Hz. Fatıma sevgili peygamber babasını evine yemeğe davet etmişti. Peygamberimiz kızının evine adım atacaktı ki atmadı. Hiçbir şey söylemeden ayrıldı.

Hz. Fatıma babasının niçin böyle davrandığını anlamamıştı. Acaba ne hata etmişlerdi. Onu eve girmekten alıkoyan ne gibi bir kusur vardı. Gün boyu üzüldü Fatıma.

Eşi Hz. Ali eve gelir gelmez hemen babasına yolladı. Durumu öğrenecekti. Kendi evlerine Peygamberi girdirmeyen şey ne idi?

Peygamberimiz Hz. Ali'ye, Fatıma'nın evine girmesine engel olan nesneyi şöyle anlattı:

"Fatıma'nın kapısında nakışlarla süslü bir örtü gördüm. Benim dünyevi şeylerle ne ilgim var?"

Hz. Ali cevabı eşine ulaştırdı.

Peki örtüyü ne yapmalıydı?

Hz. Fatıma hemen babasına bunu da sordu. Aldığı tavsiye doğrultusunda onu bir fakire hediye etti. İhtiyaç sahibi onu satıp ailesinin geçimine katkıda bulundu.

Demek ki peygamberi içeri sokmayan şey dünyeviliği yansıtan bir görüntüydü. Bu bir örtü de olsa dünyaya meyil vermemesi için bir ikazdı.

İkinci önemli bir nokta da eğitiminde gösterdiği incelikti Peygamberimizin.

Pasif eğitim, en etkili eğitim sistemiydi. Belki kızsa, tepki gösterse insan kendisini müdafaaya geçecek ve karşı koyacaktı. Nefis hemen cephe oluşturacaktı.

Bir şey demedi ve uzaklaştı. "Ben" müdafaa cephesi kırılmıştı. Kişi "ne hata ettim" diye düşünmeye başlayacaktı. Baştan kendisini hatalı kabul edecekti.

O aynaydı:

Bütün varlıkları terbiye eden Rabb'in....

ALLAH DAHA KISKANÇ

Medineli müslümanların ileri gelenlerinden olan Sa'd bin Ubade peygamberimizle sohbet ediyordu.

Sa'd dedi ki:

"Ey Allah'ın Resulü ben karımla bir erkek görsem hiç aman vermeden onu kılıcımla vurur tepelerim."

Peygamberimiz bunun üzerine ashab-ı kirama buyurdu:

"Sa'd'ın kıskançlığını kınıyor musunuz? Emin olun ki ben ondan daha kıskancım. Allah da şüphe yok ki benden daha fazla kıskançtır."

Sahabe şaşırmıştı. Allah nasıl kıskanç olurdu? Peygamberimiz buyurdu.

Allah'ın kullarının günah işlemesini istemediğini, bu sebeple kıskanç olduğunu belirtti.

Rabbimiz de bizi günahlardan kıskanmaktaydı. Rabbimiz bu vasfından bizlere de vermişti. Eşlerin eşini kıskanması, bu yaratılmış duygumuzun neticesiydi.

Peygamberimiz de eşlerine karşı kıskanç olduğunu söylüyordu. Peygamberimizin eşlerinin de peygamberi kıskandıkları oluyordu. Bu kıskançlığı çok belirgin yaşayan eşi Aişe'ydi. Aişe'nin pek çok tatlı kıskançlık olayları vardı.

Bir gece peygamberimiz yatsı namazından sonra bir müddet yattıktan sonra kalktı dışarı çıktı. Aişe merak etmişti Kıskançlığı ona başka şüpheler verdi. Hemen peşine takıldı, sessizce onu takip etti. Peygamberimiz Baki mezarlığına gitmişti.

Aişe, Peygamberimizden önce gelip yattı. Daha sonra Peygamberimiz gelmişti. Onun hızlı hızlı nefes almasından meraklandı ve sordu.

Aişe cevap vermek istemeyince Peygamberimiz :

"Ya söylersin, yahut her şeyden haberdar olan Allah bana bildirir" deyince Aişe anlattı.

Peygamberimiz "Demek önümden geçen karaltı sendin." dedi. Aişe utanarak:

"Evet" dedi.

Aişe'nin kıskançlığının altındaki nedeni sorguladı peygamberimiz önce:

"Allah Resulünün seni aldatacağını mı sandın?"

Daha sonra da gidiş nedenini söyledi:

"Oraya Cebrail'in isteği üzerine gittim."

O aynaydı:

Kıskanma bir vasfı olan Gayûr'un…

SABIRSIZ KADIN

Bir kadının çocuğu ölmüştü. Ağlayıp bağırıyordu. O an Peygamber oradan geçiyordu.

Ağlayan kadına teselli vermek istedi. Onunla ilgilendi.

Kadına dedi.

"Allah'a karşı gelmekten sakın ve sabret."

Kadın o taşkınlık anında kendisiyle konuşanın kim olduğunu fark etmeden kaba sözler söyledi.

"Git başımdan! Benim ıstırabımı sen ne bilirsin?"

Oysa o ıstırabın ne olduğunu ondan daha iyi bilen kim olabilirdi ki! Hz. Fatıma'nın dışında tüm çocuklarını kendisi kabre koymuştu.

O ümmetinin dünya ve ahretteki sıkıntılarına, bir anne yüreğinin çocuğu için hissettiklerini hisseden kişiydi.

Peygamberimiz kadına karşılık vermeden oradan uzaklaştı.

O, gittikten sonra orada bulunanlar:

"Ne yaptın!" dediler. "Ne yaptın!"

Kadın şaşırmıştı.

"O kimdi?" dedi.

"Allah Resulüydü!" dediler. "Onunla nasıl böyle konuşursun!"

Kadın daha büyük bir üzüntüye kapılmıştı.

Demek Allah Resulüydü o konuşan.

Çocuğunun ölüm acısını unutmuş, aklı başından gitmişti.

Allah Resulüne nasıl öyle konuşmuştu!

Af dilemek, özür beyan etmek için Peygamberin huzuruna koştu.

"Ey Allah'ın Resulü kusura bakmayın, affedin, bağışlayın beni! Sizi tanıyamadım."

Dedi:

"Asıl makbul sabır musibetle ilk karşılaştığın andaki sabırdır."

O aynaydı:

Günahkarlara, isyan edenlere ceza vermekte acele etmeyen Sabur'un...

ŞEYTAN BAŞKA YOLDAN GİDER

Peygamberimizin huzurunda Kureyş kabilesinden bazı kadınlar vardı. Peygamber ile konuşuyorlardı. Kimi zaman da sesleri Allah Resulünden daha çok çıkıyordu.

Bu sırada Hz. Ömer, Peygamber ile konuşmak için gelmişti. Peygamberden içeri girmek için izin istedi.

Hz. Ömer'in sesini duyan kadınlar telaşla kalkıp kapıya yöneldiler.

Resulullah bu duruma gülmeye başladı.

Hz. Ömer içeri girmişti. Allah'ın Resulü o sırada hâlâ gülümsüyordu.

Hz. Ömer dedi:

"Ya Resulallah! Allah seni daima güler yüzlü kılsın."

Bu duası ile gülmesinin nedenini de sorar gibiydi.

Allah Resulü buyurdu:

"Yanımda bulunan kadınların haline şaştım. Senin sesini işitince kapıya yöneldiler."

Hz. Ömer, Peygamberimize dedi:

"Ya Resulallah! Asıl sakınılacak ve hürmet edilecek olan sizsiniz."

Sonra da Hz. Ömer kadınlara dönerek dedi:

"Ey nefisleri kendilerine düşman olan kadınlar! Resulullah'tan değil de benden mi korkuyorsunuz?"

Kadınlar, Hz. Ömer'e cevap verdiler:

"Evet senden çekiniyoruz. Çünkü sen Resulullah'tan daha sert sözlüsün."

Kadınların bu sözü üzerine Peygamberimiz şöyle buyurdular:

"Nefsimi kudret elinde tutan Allah'a yemin ederim ki, ey Hattab oğlu, şeytan seninle asla karşı karşıya gelmez. Sen bir yola girsen, o bir başka yoldan gider."

O aynaydı:

Amellerin muhasebesini bir anda gören Hasib'in...

TEMİZLİĞİNİ YAPTIRDI

Peygamberimiz sahabileriyle oturuyordu. Bir kadın geldi yanına. Peygamberimizin kolundan tutarak çekiştirmeye başladı.

Onu bir yerlere götürmek istiyordu.

Kadın peygamberimizin kolundan çekiyor, o da peşine takılmış gidiyordu.

Sahabe şaşırmıştı. Sahabenin şaşkın bakışları arasında Peygamberimiz kadınla gitmeye başladı.

Sahabe de onları takip ediyordu.

Kadın, Peygamberimize:

"Gel, şu evimdeki işimi gör" dedi.

Kadının evine gittiler.

Kadın evde yapılması gereken işleri peygamberimize söylüyordu. Peygamberimiz de kadının işlerini tek tek yapıyordu.

İşlerin ne olduğunu bilmiyoruz.

Belki evini süpürdü.

Belki çamaşır yıkadı.

Belki bahçe işlerinde yardım etti.

Ne olursa olsun iş, fark etmez, peygamber kendisinden özel işlerinde yardım isteyen bir kadından yardımını esirgemedi.

Bu kadın işi demedi. Onun dünyasında kadın erkek ayırımı yoktu. Onun dünyasında insan vardı. İnsanın yaptığı işin, kadın erkek bölümü olmazdı.

İstediği işleri yaptı kadının.

Aslında kadının yaptığı çok yanlış gibi görülmekte ilk bakışta. Koca kainat sultanını özel işinde çalıştırmıştı.

Fakat işin bir başka yanı da vardı.

Her işimizi kainatın yaratıcısı yapmıyor muydu? Her şeyimizi O'ndan istemiyor muyduk? Her sorunumuzu ona açmıyor muyduk? İşe başlarken "bismillah" demiyor muyduk?

Her şeyimize koşan Rahmet, aynasını da her şeyimize koşar kılmıştı...

O aynaydı:

Kendisinden bir şey istenilenlerin en hayırlısı olan Mes'ûl'ün...

KOCAM EVDE BEKLİYOR

Ensardan bir hanım peygamberin sohbetinde bulunuyordu. Evine gidecekti. Peygamberimize dedi ki:

"Kocam evde beni bekliyor."

Peygamberimiz:

"Senin kocan şu gözünde ak olan adam değil mi?" diye kadına sordu.

Kadın:

"Hayır, kocamın gözünde beyazlık yok" dedi.

Peygamberimiz ısrar etti:

"Var var senin kocanın gözünde beyazlık var."

Kadın şaşırmıştı.

Kocasının gözünde beyazlık yoktu.

Bir an düşündü. Ne diyeceğini bilemedi. Biliyordu ki kocasının gözünde herhangi bir arıza yoktu.

Allah Resulü ısrarla beyazlık var demişti.

Allah Resulüne karşı daha fazla hayır demeden sustu.

Nükteyi anlamayan kadına peygamberimiz gülümseyerek buyurdu:

"Gözünde ak olmayan adam var mı şu dünyada?"

Peygamberimiz gözdeki beyaz kısmı kastetmişti. Kadın da göze ak düşmek şeklinde algılamıştı.

Onun şakası bile doğruydu.

O aynaydı:

Bütün işlerin sonunu bilen Ahir'in...

HZ. AİŞE EĞLENİRKEN

Bir bayram günüdür. Hz. Aişe Medineli iki kızla eğlenmekteydi. Onlar eğlenirken peygamberimiz eve geldi. Kızlar def çalıp şarkı söylemekteydiler.

Peygamberimiz gençlerin davranışına bir şey söylemedi. Ne de olsa Aişe daha küçük yaştaydı. Onlara arkasını dönerek uzandı . Yüzünü de bir örtü ile kapattı. Belki de onları rahatsız etmemek için böyle bir davranışta bulunmuştu.

Bu sırada Hz. Aişe'nin babası geldi. Peygamberimizin yanında kızların def çalıp, şarkı söylemesini büyük bir saygısızlık olarak gören Hz. Ebu Bekir kızına çıkıştı:

"Bu ne hal? Resulullah'ın yanında şeytan çalgısı mı çalıyorsunuz?"

Peygamberimiz hemen sevgili eşini, babasına karşı korumak için araya girdi:

"Ya Eba Bekir! Her milletin bir bayramı var, bu da bizim bayramımız.."

Peygamberimiz eşlerinin meşru şekilde eğlenmelerine izin verirdi. Hz. Aişe'nin Habeşlilerin kalkan ve mızraklarıyla yaptıkları gösteriyi seyretmesine müsaade etmiş, hatta omzunda belli bir süre seyrettirmişti.

Eşlerinin en küçüğü olan Aişe eğlenme yaşında olduğu için bu tarz istekleri olmuş, peygamberimiz de her defasında onu hoşgörü ile karşılamıştı.

O aynaydı:

Herşeyi güzelleştiren Mücemmil'in....

EŞLER KÜSÜNCE

Peygamberimiz ara sıra Hz. Fatıma'yı ziyarete evine giderdi. Yine bir ziyaret için Fatıma'ya gitmişti.

Bir öğle vaktiydi. Fatıma'nın eşi evde yoktu. Damadının olmaması peygamberimizin gözünden kaçmadı.

Fatıma'ya:

"Amcanın oğlu nerede?" diye sordu.

Fatıma babasına dedi ki:

"Aramızda bir tatsızlık olmuştu. Birbirimize darıldık. O da öğle uykusunu benim yanımda uyumadı."

Peygamberimiz yanında bulunan birisine:

"Ali neredeymiş ara" dedi.

O zat gidip Ali'nin nerede olduğunu öğrenip, peygambere haber getirdi:

"Ali mescidde uyuyor."

Peygamberimiz kalkıp mescide gitti.

Ali mescidde uyuyordu. Uyurken de hırkası sıvanmış, vücudu toprağa bulanmıştı.

Peygamberimiz Ali'nin elbisesindeki toprağı silkelerken bir taraftan da ona sesleniyordu:

"Kalk Ebu Türab, kalk!" (Toprağın babası)

O aynaydı:

Her faydalı ve hayırlı şeyi yaratan Nafi'in...

LANETLENEN DEVE

Peygamberimizle yapılan yolculukların birisindeydi...

Seyahate katılan Medineli hanımlardan bir tanesinin devesi hızlı gitmiyordu. Kadının buna canı çok sıkıldı. Hızlı gitmeyen deveye lanet etti.

Kadının deveye lanetini duyan Peygamberimiz, şöyle buyurdu:

"Devenin üzerindeki eşyaları alınız ve deveyi salıveriniz. Çünkü o deve lanetlenmiştir."

Peygamberin dediği hemen yapıldı. Bu olayın içinde olan İmran der ki:

"O boz deve hâlâ gözümün önündedir. İnsanların arasında dolaşırdı da kimse ona ilişmezdi."

Peygamberimiz lanet etme konusunda buyurmuşlardı:

"Bir kimse bir şeye lanet ettiğinde o söz gökyüzüne çıkar ve semanın kapıları kapanıverir.

Sonra yere iner bu defa yeryüzünün kapıları kapanıverir. O belalı söz bir yere gitmek için sağa sola bakınır, gidecek yer bulamayınca lanet edilen kişiye yönelir.

Eğer o kimse gerçekten lanete layık ise onda kalır, değilse tekrar lanet edene döner."

O aynaydı:

Zarar vermek ancak kendi elinde olan, zarar murat ettiğinde onu geri çevirecek bulunmayan Darr'ın...

HZ. AİŞE TAKLİT YAPINCA

Hz. Aişe Peygamberimizle evlendiği zaman çok gençti. Bu yaş grubunun verdiği hal ile bazı davranışları olabiliyordu.

Bu davranışları Peygamberimiz tarafından hemen düzeltiliyordu.

Hz. Aişe bir gün peygamberimizin eşlerinden Hz. Safiye'nin boyunun kısalığından söz etti.

Peygamberimiz, Aişe'nin bu sözünden hoşlanmadı ve dedi:

"Ya Aişe, öyle bir söz söyledin ki eğer o söz denize karışsaydı onun suyunu bile bozardı."

Hz. Aişe bir gün de peygamberin yanında birinin taklidini yaptı. Aişe'nin taklidine peygamberimizin sözü, onun tavrını belirtmekteydi:

"Bana dünyayı verseler, yine de birinin taklidini yapmazdım."

Çünkü peygamberimiz kötü günahları şöyle sıralıyordu:

"Alay etmek.

Taklit yapmak.

Kötü lakapla çağırmak.

Kaş göz işareti yaparak alaya almak."

Peygamberin bu eğitim sisteminde tam terbiye alan Hz. Aişe, daha sonra şöyle diyecektir:

"İnsan müslüman kardeşi için sarf ettiği çirkin sözden dolayı değil de, yediği helal lokmadan dolayı ağzını yıkar ne tuhaf!"

O aynaydı:

Herşeyi müşahede eden Şahid'in...

TOKAT ATINCA

Muaviye b. Hakem es-Sülemi'nin bir cariyesi vardı. Sülemi'nin koyunlarını güderdi.

Sülemi bir gün kadının koyunlarını güttüğü yere gitti. Kadını, koyunlardan birini kurda kaptırırken gördü. Koyunu kurdun kapışına çok üzülmüştü Sülemi. O üzüntü ile cariyeye bir tokat attı.

Kadını dövmüştü.

Öfkesi geçince Sülemi'yi bir üzüntü kapladı. Zavallı kadına niçin vurmuştu?

Doğruca Peygamberin yanına gitti. Durumu anlattı.

Peygamberimiz, Sülemi'nin yaptığını uygun görmedi.

Sülemi bu duruma daha çok üzüldü. Kadının kendisini affetmesi için onu azat etmek isteyerek sordu.

"Ey Allah'ın Elçisi onu hürriyetine kavuşturayım mı?"

Peygamberimiz cariyenin müslüman olup olmadığını anlamak istedi. Sülemi'ye dedi:

"Hele onu bana bir getir."

Sülemi cariyeyi Peygamberimizin yanına götürdü. Peygamberimiz kadına sordu:

"Allah nerede?"

Cariye:

"Gökte" dedi.

Peygamberimiz ikinci bir soru daha sordu:

"Ben kimim?"

"Sen Allah'ın peygamberisin." dedi.

Peygamberimiz Sülemi'ye dedi:

"Onu azat et, çünkü o inanmış bir kadındır..."

O aynaydı:

Herşeye herşeyden daha yakın olan Karib'in...

ALLAH DİNLEDİ

Havle yaşlı bir kadındı. Eşi Evs ondan da yaşlıydı. Tartışmışlardı. Evs kızgınlığın verdiği çıkışla Havle'ye dedi:

"Sen bana anamın sırtı gibisin."

O zamanki adetlere göre bu söz boşanma anlamına geliyordu. Yani Evs, eşini boşamıştı.

Kısa bir süre sonra kızgınlığı geçti. Ne yaptığının farkına varıp çok üzüldü. Şimdi ne yapacaktı. Çaresizdi. Çok yaşlıydı. Eşinin yardımı olmadan kendisine bakamazdı.

Yapılacak tek şey o kapıya gitmekti. Havle kocasına:

"Ona git."dedi.

Evs "Utanırım gidemem" dedi.

O kapıya koşmak Havle'ye düştü.

Koştu...

O kapıya gitti...

Umutların başlangıcına umutla yöneldi...

Herkese açık kapının sahibinin yanına oturdu. Kısık sesle durumunu anlattı.

Peygamber, çaresiz yaşlı kadına, yapılacak bir şey olmadığını söyledi.

Yani boşanmışlardı...

Havle kabullenmedi. Nasıl olurdu? Kendi de yaşlıydı, eşi de. Birbirlerine muhtaçtılar!

Tekrar anlattı.

Peygamber yine aynı şeyi söyledi.

Havle, ısrarında devam etti. Bir çözüm yolu olmalıydı. Havle bir taraftan Peygamberimizi çekiştiriyor, bir taraftan da çaresizlikle ağlıyordu.

Efendimizin hanımları, olayı hayretle izliyorlardı.

Havle, Peygamberimizi o kadar çekiştirdi, o kadar ağladı ki

Hz. Aişe ve diğer hanımlar da Havle'ye acıyıp ağlamaya başladılar..

Peygamberinin çaresiz dinleyişine, dinleyicilerin en büyüğü hemen cevap verdi:

"Habibim! Zevci hakkında seninle didişip duran, Allah'a da şikayet etmekte olan kadının sözünü Allah dinlemiştir."

Yaşlı kadını Allah dinlemişti...

Peygamberiyle mücadele eden kadını Allah görmüştü, duymuştu. Allah tüm kullarını dinliyordu.

Gelen vahiyde iki yaşlı insanın evliliklerine devam edecekleri hükmü veriliyordu.

Allah onlara çözüm sunmuştu...

Kendisiyle bu kadar çekişen bir yaşlı kadını peygamberin sabırla dinlemesinde hayret edilecek bir yan yoktu.

Çünkü o yaşlı kadını, Rabbi dinliyordu.

Rabbin dinlediğini o da dinliyordu.

O aynaydı:

Herşeyi işiten Semi'nin...

YEMEĞİ YÜZÜNE SÜRDÜ

Hz. Aişe çok esprili biriydi. Peygamberimizle birlikte olduğu dönemler yaşının en genç olduğu dönemlerdi.

Bir gün yemek yapmıştı. Peygamberimize yemeği ikram etti. Orada bulunan Hz. Sevde'yi de yemeğe davet etti. Hz. Sevde yemek istemedi.

Hz. Aişe ısrar etti. Hz. Sevde tüm ısrarları geri çevirdi. Yemeyecekti.

Son davetinde tehdidini yaptı Hz. Aişe.

"Ye, yoksa yemeği yüzüne sürerim!"

Sevde pek aldırış etmedi Hz. Aişe'ye. Hz. Aişe kendisinden çok küçüktü.

Ama Hz. Aişe dediğini yaptı. Yemek kabını tuttuğu gibi Sevde'nin yüzüne döktü.

Bu duruma hiç müdahale etmeyen peygamber, Hz. Aişe'nin 17-18 yaş döneminin verdiği çocuksu davranışına güldü.

Hz. Sevde'ye ne yapması konusunda yardımcı oldu.

"Ya Sevde! Sen de al, onun yüzüne sür."

Peygamberin yol göstermesi ile Hz. Sevde de misliyle mukabelede bulundu. O da yemeği Hz. Aişe'nin yüzüne sürdü.

Hep birlikte gülüştüler.

Hz. Aişe ile Sevde arasındaki yaş farkı, aynı şeyi düşünmelerini, ya da aynı şeyden mutlu olmalarını engelleyecek kadar çoktu. Aynı davranışlarda birleşmeleri de beklenemezdi.

Fakat Peygamber iki farklı yaş grubunu aynı ortamda tartışmasız idare ediyordu. Uyumlu geçinmelerini sağlıyordu.

Tarafsız davranıp hem kısas uygulatıyor, hem de olayı mizah boyutuna çekiyordu.

Başka ailelerde kavga sebebi olacak bir olayı Peygamber, yumuşaklığı ile eğlenceye çevirmişti.

O aynaydı: Yumuşaklık sahibi olan Halim'in...

EŞİ NİÇİN DÖVMÜŞTÜ?

Safvan bin Muattal ve eşi kavga ediyorlardı. Kadın eşinin kendisini dövdüğü konusunda şikayetçiydi.

Karı koca birlikte gelip durumlarını Resulullah'a anlattılar. İlk önce söze hanım başladı:

"Ey Allah'ın Resulü kocam beni namaz kıldığım zaman dövüyor. Oruç tuttuğumda orucumu bozduruyor. Kendisi de güneş doğuncaya kadar sabah namazını kılmıyor."

Kadının eşi hakkındaki suçlamaları ciddiydi.

Allah Resulü kadının konuşmasıyla karar vermedi. Bir şikayette iki tarafın da dinlenmesi gerekiyordu.

Peygamberimiz kadının sözlerini kocasından sordu.

Safvan dedi:

"Ey Allah'ın Resulü namaz kıldığımda dövüyor demesi bir rekatta iki uzun sure okumasından dolayıdır. Oysa ben bunu kendisine yasaklamıştım."

Peygamberimiz kadına dedi:

"İnsanlara tek sure okuması yeterlidir."

Safvan devam etti:

"Oruç tuttuğumda bozduruyor demesinin sebebi ise, ben genç biriyim."

Resulullah dedi:

"Bir kadın eşinin izni olmadan nafile oruç tutamaz."

Safvan, eşinin son suçlaması konusunda da peygamberimize dedi ki:

"Güneş doğmadan sabah namazı kılmadığıma gelince, ben gece işçisiyim. Sabaha yakın yatıyorum. Güneş doğmadan da kalkamıyorum."

Bunun üzerine Peygamberimiz şikayetçi kadının eşine dedi:

"Ey Safvan öyle ise uyandığında namazını hemen kıl."

Eşlerin arasındaki geçimsizlik bu şekilde düzeltildi. Hiç kimseyi suçlamadan ve incitmeden.

O aynaydı:

Herşeyin geleceğini ve sonunu kuşatarak ona göre hikmetle iş yapan Müdebbir'in...

PEYGAMBERİN MUTLULUK KAYNAĞI

Peygamberimizin diğer eşleri Aişe'nin peygamber tarafından daha çok sevildiğini bilmekteydiler. Bu zaman zaman onları rahatsız da ederdi.

Bu konuda Hz. Fatıma'yı aracı olarak kullanmak istediler. Efendimizin, Aişe kadar kendilerini de sevmesi için, Hz. Fatıma'yı babasına gönderdiler.

Fatıma, babasının yanına gitti.

Peygamberimiz çok sevdiği bu kızının ellerini tutup, sordu:

"Benim küçük kızım, babanın sevdiğini sen de sevmez misin?"

Fatıma mahcubiyet içinde dedi:

"Elbette severim babacığım."

Bu cevap karşısında peygamberimiz Fatıma'ya, Aişe'yi göstererekdedi: "Öyle ise onu sev!"

Peygamberimiz Hz. Aişe'ye derdi:

"Ey Aişe sen bana Allah'ın bir lütfüsün, benim mutluluk kaynağımsın, ben de senin mutluluk kaynağın olmak isterim!"

Hz. Aişe'yi ne denli sevdiğini bilen insanlar, Peygamberden bir şey talep edecekleri veya bir hediye verecekleri zaman, peygamberin Aişe'nin yanında olduğu zamanı beklerlerdi.

Aişe'nin odasında iken ricaları kabul edeceğini düşünürlerdi.

Hz. Ali de, Hz. Aişe'den söz ederken "Peygamberin sevgilisi" tabirini kullanırdı.

Hadis rivayet eden pek çok imam da "Allah'ın sevgilisinin sevgilisi" tabirini kullanacaklardı Aişe için.

O aynaydı:

Herşeyi açıklayan, izhar eden Muzhir'in...

EBU HUREYRE'NİN ANNESİ

Ebu Hureyre, Peygamberin yanından bir an bile ayrılmayan kişiydi. Onun ağzından çıkanı ezber yapan en önemli şahıstı. Ama annesi bir türlü müslüman olmuyordu.

Ebu Hureyre, annesiyle sık sık konuşuyor, ona müslümanlığı anlatıyordu. O gün de konuştu annesiyle.

İslama direnen anne, o gün oğluyla sert ve yıkıcı konuştu. Allah Resulü hakkında çok olumsuz sözler sarf etti.

Ebu Hureyre ağlayarak Peygamberin yanına koştu. Kendisi hakkında çok kötü konuştuğunu söyledi annesinin. Kendisine hakaret eden kişiye dua etmesini istedi.

Peygamberimiz kendisine hakaret eden kadının müslüman olması için dua etti:

"Ya Rabbi! Ebu Hureyre'nin annesine hidayet nasip et."

Ebu Hureyre sevinçle çıktı peygamberin yanından. Evine doğru yöneldi. Oğlunun ayak seslerini işiten anne seslendi:

"Ebu Hureyre, olduğun yerde kal, bekle!"

Bu sırada evden gelen su seslerini duydu Ebu Hureyre.

Sonra açılan kapıdan annesi göründü Ebu Hureyre'nin. Gusül etmiş, uzun elbiselerini giymiş aceleden baş örtüsünü almayı unutarak oğlunu karşılamıştı.

Biraz önce ağlatarak gönderdiği oğlunu,

"Şahadet ederim Muhammed Allah'ın kulu ve resulü," diye karşıladı.

Ebu Hureyre ağlıyordu.

Sevinçten.

Anında kabul gören duanın sahibine koştu ağlayarak.

Müjdeyi verdi gözyaşları ile.

"Ya Resulallah Allah duanı kabul etti. Ebu Hureyre'nin annesini hidayete erdirdi." Ebu Hureyre tekrar istekte bulundu:

"Dua et ki Allah, annemi ve beni mümin kullarına sevdirsin."

Yine el açtı o şefkat sahibi ana ve oğlunu insanlara sevdirmesi için.

"Allah'ım şu kulcağızı ve annesini mümin kullarına sevdir."

Ebu Hureyre der:

"Beni işitip, görüp de sevmeyen bir mümin olmadı."

O aynaydı:

Temizleyen Mütahhir'in...

KADIN DİŞİ KIRINCA

Rubeyyi isimli bir hanım, bir kızgınlık anında bir genç kızın ön dişini kırmıştı.

Genç kızın yakınları bu durumda yapılacak şeyin ne olduğunu biliyorlardı. Kısas uygulanacaktı. Onun da dişi kırılacaktı. Kızgınlık anında yapmak kolaydı, ama aynı olayla mukabele görmek çok zordu.

Rubeyyi ve yakınları bunu kabullenemedi. O an kızgınlıkla olan bir olaydan dolayı niçin Rubeyyi'nin de dişi kırılsındı.

Kızdan hakkından vazgeçmesini istediler.

Kız ve yakınları kabul etmedi.

Diyet teklif ettiler.

Kızın yakınları yine kabul etmedi. Dişe diş istiyorlardı.

Genç kızın yakınları peygamberimize gelerek durumu anlattılar. Kararlarında ısrar ederek kısastan başkasını kabul etmeyeceklerini belirttiler.

Peygamberimiz durumu açıkladı. Mağdur taraf isteğinden vazgeçmediği için yapılacak tek şey vardı.

Kısas...

Kısas anında kadının yakınlarından Enes b. Nadır'ın bu durum şefkatine dokunmuştu. Diğer taraf diyeti kabul ederek haklarından vazgeçebilirlerdi.

Enes, Peygamberimize sordu:

"Şimdi Rubeyyi'nin dişi mi kırılacak? Hayır. Seni Hak ile gönderen Zata yemin ederim ki onun dişi kırılamaz."

Peygamberimiz yakınlığın verdiği duygu yoğunluğu ile konuşan Enes'e dedi:

"Ey Enes! Ne diyorsun? Kısas Allah'ın emridir!"

Enes çaresiz sustu. Hüküm Allah'ındı.

Enes'in, Peygamberimize çaresizlikle çıkış yolu arayan hali kız tarafının kalbini yumuşatmıştı. Allah onların kalbini değiştirdi. Kısas Allah'ın hükmüydü. Ama affetmek, Allah'ın daha çok sevdiği bir davranıştı. Genç kızın yakınları bu davranışı seçip kısastan vazgeçtiler.

Bunun üzerine Peygamberimiz Enes'e bakarak şöyle dedi:

"Allah'ın öyle halis kulları var ki, Allah'a yemin etse Allah yemini bozmamak için dilediğini yerine getirir."

O aynaydı:

İstediği zaman kalpleri değiştirebilen Mukallibu'l-kulub'un...

AİŞE ORDUYU BEKLETİNCE

Hz. Aişe Resulullah ile birlikte sefere çıkmıştı. Genç Aişe'nin kolyesi kayboldu.

Allah Resulü, Aişe'nin kolyesini aramaya koyuldu. Kolye bulunamıyordu. Peygamberimiz Aişe'nin kolyesi bulunmadan oradan ayrılmak istemedi.

Resulullah ile birlikte herkes orada kalmak zorunda kaldı.

Kalınan bölgede su yoktu.

İnsanların yanındaki su da bitmişti. Abdest almakta zorlanan kişiler Hz. Aişe'yi babası Hz. Ebu Bekir'e şikayet ettiler.

"Aişe'nin yaptığını görüyor musun? Resulullah'ı alıkoydu. Burası su bulunan bir yer değil, susuz kaldık!"

Hz. Ebu Bekir doğruca kızının yanına gitti. Allah Resulü, Aişe'nin dizinde uyumaktaydı.

Kızgınlıkla kızına hitap etti.

"Senin yüzünden burada kalındı. İnsanların yanında su da kalmadı."

Hz. Aişe kendisini azarlayan babasını şu şekilde anlatır:

"Maşallah demediğini bırakmadı. Eliyle göğsüme dürterek canımı bile acıttı. Resulullah dizimde olduğu için kımıldamamaya çalıştım."

Peygamber de sabaha kadar susuz uyumuştu. Ama o eşine kızmadı ve onu azarlamadı.

Sabah olduğunda her şeyin çözüm kapısından çözüm gelmişti. Su bulunamayınca ne yapılacağı bildirilmişti.

Teyemmüm ayeti nazil oldu.

"Su bulamazsanız temiz toprakla teyemmüm edin, yüzlerinizi ve ellerinizi onunla meshedin."

Bir kadının kaybolan gerdanlığı ve ona eşinin davranışı bir rahmeti netice vermişti. Su bulunmadığında rahmetin nasıl bulunacağını.

Aişe yüzünden nazil olan bu hüküm için sahabeden Useyd b. Hudayr, Aişe'nin babasına gelerek iltifatta bulundu:

"Ey Ebu Bekir ailesi! Bu sizin ilk bereketiniz değildir."

Aişe der ki:

"Bindiğim deveyi dürtüp kaldırdım bir de ne göreyim kaybolan kolye devenin altında!"

Peygamber, eşinin en küçük işine, arzusuna bile merhametle yaklaşıyordu. Dikkatle ilgileniyordu.

Herkesin kızdığı yerde O, kızmadan eşinin kolyesini arıyordu. Seferde bu kadar önemli meseleler içinde bunun ne önemi var demiyordu. Eşini üzmemek için orduyu bekletebiliyordu.

Onun eşine karşı bu Rahim davranışı başka bir Rahimiyeti celp ediyordu.

O eşlerine çok merhametliydi.

O aynaydı:

Çok özel ihsanı ve hususi rahmet tecellisi olan Rahim'in...

AMCA KIZINA TAVSİYE

Peygamberimiz amcası Ebu Talip'in kızı Ümmü Hani'yi ziyarete gitmişti.

Ümmü Hani ona bulunduğu durumu anlattı. "Ey Allah'ın Resulü. Artık iyice yaşlandım. Fazla kilo aldım. Gücüm kuvvetim de azaldı."

Ümmü Hani halini anlatarak bu durumda yapabileceği bir ibadet istiyordu.

"Bana oturduğum yerden yapabileceğim bir ibadet söyle."

Peygamberimiz amcasının kızının bu isteği üzerine buyurdu:

"Yüz defa Sübhanallah" de.

Yüz Sübhanallah'ın neleri kapsadığını anlattı amca kızına:

"Bu sana Hz. İsmail'in soyundan gelen yüz köle azat etmiş kadar sevap kazandırır."

"Yüz defa Elhamdülillah" de.

Sonra Elhamdülillah'ın içerdiği manevi bereketi anlattı Ebu Talip'in kızına:

"Bu sana Allah yolunda cihat etmek üzere sırtına eğer vurulan, ağzına da gem takılan yüz at hazırlamış gibi sevap kazandırır."

Peygamberimiz üçüncü zikrini söyledi amca kızına:

"Yüz defa Allahu Ekber" de.

Sonra Allahu Ekber'in içerdiği büyüklüğü anlattı Ümmü Hani'ye:

"Bu sana Allah rızası için kurban etmek üzere hazırlanan, kurbanlık olduğunu göstermek için boynuna gerdanlık takılan ve Cenab-ı Hak tarafından kabul edilen yüz deve sevabı kazandırır."

Son tespihini söyledi yaşlı hanıma:

"Yüz defa La ilahe illallah" de.

"Bunun sevabı yer ile gök arasını doldurur, ve o gün Allah'a ancak senin yaptığının benzerini yapanların ibadetleri sunulur..."

O aynaydı:
Kullarının az amellerine karşı çok mükafat veren Şekur'un...

AİŞE'YE BEDDUA

Muğire bin Muaviye esir olarak yakalanır. Peygamberimiz Hz. Aişe'ye der:

"Ya Aişe şu esiri gözetle, sakın kaçmasın."

Bu sırada Aişe'nin yanına bir kadın gelir. Hz. Aişe, kadının sıkıntısı ile ilgilenirken, esir kaçar gider.

Peygamberimiz eve döndüğünde esiri göremez ve Aişe'ye sorar:

"Esir nerede?"

Aişe der:

"Bilmiyorum, ey Allah'ın Resulü. Bir anlık dikkatsizliğimden yararlanmış, biraz önce şurada duruyordu."

Araplar arasında çok kullanılan bir duayı yapar Aişe'ye peygamberimiz.

"Allah senin elini kurutsun."

Peygamberimiz, insanlara Muğire'yi aramalarını söylemek için dışarı çıkar.

Eve döndüğü zaman Aişe'nin ellerini incelediğini görür ve sorar:

"Sana ne oldu ya Aişe?"

Aişe der:

"Biraz önce aleyhime dua etmiştin ya, hangi elimin çarpılacağına bakıyorum."

Bunun üzerine Peygamberimiz kıbleye yönelerek şu duada bulunur:

"Ey Allah'ım! Ben de insanım. Öfkeme hakim olamadığım zamanlar oluyor.

O halimle erkek veya kadın mü'minlerden her kimin aleyhine dua etmiş isem benim o duamı onlar hakkında rahmete çevirmeni, affetmeni niyaz ederim..."

O aynaydı: Tövbeleri kabul eden Tevvab'ın...

KADINLAR HERŞEYLERİNİ VERDİLER

Peygamberimiz Medineli hanımların arzusu üzerine onlara bir gün ayırtmıştı. Onlarla sohbet ediyordu.

Bu sohbetler, kimi zaman evlerde, kimi zaman mescitte oluyordu.

Bazen de peygamberimiz, erkekler tarafından kadınlar iyi duyamamış olabilirler düşüncesiyle onların tarafına geçip vaaz ediyordu.

Hanımlar peygamberimizin bu nasihatlerinden çok etkileniyorlardı.

Peygamberimizin tavsiyelerini hemen uygulamaya geçiyorlardı.

Yine böyle bir sohbet anıydı.

Peygamberimiz, erkekler tarafında onlara anlattıktan sonra mescidin kadınlar tarafına geçti.

Yanında Bilal de vardı.

Kadınlara vaaz ederek onlara sadaka vermeyi emretti.

Bu olayı anlatan Abdullah bin Abbas, Peygamberimizin sözlerinden kadınların nasıl etkilendiklerini şöyle tasvir eder:

"Peygamberimizin sözleri hanımlara o kadar tesir etti ki kadınların kimi kulaklarındaki küpeyi, kimi parmaklarındaki yüzüğü çıkarıp atmaya başladı.

Bilal de onları eteği içine topluyordu."

O aynaydı:

Çok ihsan edip, cömert olan Cevad'ın..

ÜZÜNTÜDEN İKİ BÜKLÜM

Hz. Hatice'nin vefatı peygamberimizi o kadar üzmüştü ki yanına gelen sahabilerden biri üzüntüyle şöyle dedi.:

"Ya Resulallah, görüyorum ki Hatice'nin yokluğundan dolayı iki büklüm olmuşsun!"

"Evet" dedi peygamberimiz.

Nasıl olmasındı ki?

Böyle olma sebebini açıkladı.

"O çocuklarımın anası, evimin hanımıydı."

O, vefa insanıydı.

O, şefkat kaynağıydı.

Çocuklarının anasız olması kim bilir onun şefkatini nasıl harekete getirmişti. O şefkat pınarından neler akmıştı kim bilir. Neler akmıştı da, o sevgili görüntü iki büklüm oluvermişti.

Çok geçmedi, o sevdiğinin diyarından da ayrılıverdi.

Mekke'den ayrılıyordu. Mekke ile birlikte Haticesinin yaşadığı yerlerden de...

Geride Hira'nın ilk sırrını paylaşanı bırakıp gidiyordu...

Dostunu, sırdaşını, eşini, sevdiğini, çocuklarının annesini bırakıp gidiyordu....

Yıllar geçti..

Yaklaşık on yıl...

Mekke'ye dönüldü bin bir duyguyla...

Mekke'de ilk hatırladığı oldu Hatice'si.

Sevgili eşinin Hacun'daki kabrinin başına gitti...Uzun uzun dua etti...

O aynaydı:

Çok merhametli Hannan'ın...

BİN YA ESMA

Peygamberin baldızı Hz. Esma'nın hayatı, fakirlik içerisinde geçmişti.

Esma zengin olmak düşüncesinde de değildi. Eline geçeni hemen fakire fukaraya dağıtırdı.

Eşi Hz. Zübeyr'in de bir serveti, bir zenginliği yoktu.

Esma, zengin bir babanın çocuğu olarak büyümüştü. Babası Hz. Ebu Bekir, Mekke'nin zenginlerinden olup, servetini İslam yolunda dağıtmıştı.

Esma da babasından aldığı eğitim ve imanla dünyaya meyl etmiyordu.

Fakat onun bu fakir hali peygamberimizin şefkatli bakışından kaçmamıştı. Sevgili baldızına fakirliğini biraz gidermesi için bir hurma bahçesi hediye etti.

Bu bahçe Medine'nin oldukça dışındaydı.

Medine'ye üç saatlik bir yolda olan bu bahçeye gitmek, oradan hurmaları taşımak çok zor oluyordu Esma için. Peygamberimiz ne zaman Esma'yı yolda görse yorgunluğunu düşünerek hemen devesini çöktürür ve derdi: "Bin ya Esma."

Hz. Esma sevgili peygamberinin bu teklifinden utanır, kabul etmezdi.

Fakat peygamberin bu sıcak ilgisi Esma'nın manevi değeri bakımından dikkate alınırdı çevrede.

O aynaydı:

İkram eden Mükrim'in...

CEBRAİL BİR KADINA SORUYOR

Hira'ya koşuyordu Allah'ın Resulü.

Arkada birisi var ki, onun için korkuyordu.

Duramıyordu evinde.

Kimi zaman kendisi gidiyordu gözetmeye. Kimi zaman da adamlarını gönderiyordu.

En çok da kendisi gidiyordu. Mekke ile Hira arasındaki o uzun yolu kavurucu çöl sıcağında aşarak.

Sevdiğine gidiyordu.

Allah'ın çok sevdiği kişiye gidiyordu.

Rabbisinin o olmasaydı alemleri yaratmayacağını söylediği eşine gidiyordu.

Yine bu gidişlerin birisinde bir şahısla karşılaştı Hatice. Daha önce hiç görmediği bir şahıs.

Tanımadığı şahıs kendisine efendisini sordu.

Korktu ondan.

Tıpkı Hz. Meryem gibi. Fakat bunun korkusu daha farklıydı Meryem'den. Meryem, kendisi için korkmuştu, bu efendisi için korktu. Acaba ona bir zarar verebilir miydi?

Korkuyu efendisine anlattı, gördüğü şahsı tanımlayarak. Kendisi için endişe ettiğini söyleyerek.

Efendisi Hatice'nın tüm korkularını gideren açıklamayı yaptı:

"Korkma ya Hatice! Sana beni soran, tanımadığın o şahıs Cebrail'di."

Efendisi aynaydı:

Her türlü korku ve tehlikelere karşı emniyet veren Mü'min'in...

BOYUNDAKİ CEHENNEMDEN HALKA

Hz. Fatıma çok sevdiği sevgili babasını sık sık ziyarete giderdi. Babası da, Fatıma'yı görmekten çok memnun olurdu. Kalkar, onu karşılar, alnından öper, yanına oturturdu. Çoğu zaman da hırkasını açardı altına.

Fatıma yine sevdiği babasının yanındaydı.

Bu sefer babasının davranışlarında bir farklılık sezdi Hz. Fatıma. Bir durgunluk, bir üzüntü, bir memnuniyetsizlik.

Acaba bir hata mı etmişti?

Bir kusuru mu vardı?

Her zamanki halinden farkı neydi Fatıma'nın?

Fatıma bu duygular içinde düşündü bir süre.

Boynundaki altın zincir geldi aklına.

"Ey kızım! dedi Resul. İster misin halk, peygamberin kızı boynunda cehennemden bir halka taşıyor desinler?"

Hz. Fatıma'ya bu ikaz yeterli geldi. Hemen boynundaki altını çıkarttı ve sattı. Parasıyla bir esiri alarak onu hürriyetine kavuşturdu.

Altın, peygamber eşlerine ve ailesine haram kılınmıştı...

Kızının bu davranışı Resulullah'ı çok mutlu etti...

O aynaydı:

Hiç kimseye ihtiyacı olmayan Müstağni'nin...

EŞİNE NİÇİN KÜSTÜ?

Efendimiz, eşlerinin en küçük meseleleriyle bile ilgilenirdi. Tüm sıkıntılarını peygamberimizle paylaşırdı eşleri. Peygamberimiz, onları dinler, çözümler sunardı.

"Senin problemin, ya da bundan bana ne" gibi ifadeler asla ağzından çıkmazdı. Onları kırmaz, incitmezdi.

Eşlerini kendisinden kabul edip, onlarla sen ben kavramını kaldırarak muhatap olurdu.

Komşusu ona bir şey mi söyledi, hemen onu eşine götürüp anlatmaktan, derdini paylaşmaktan çekinmezlerdi peygamber eşleri.

"Bu da peygambere anlatılır mı?" demezlerdi. Koca peygamber bu basit konularla rahatsız edilir mi diye düşünmezlerdi.

Çünkü peygamberimiz, onlara çok yakın davranırdı. Sevgiyle, anlayışla, hoşgörüyle yaklaşırdı.

Eşlerinden Safiye'nin bir üzüntüsü vardı...

Hayber Kalesinin reisinin kızı olan Safiye aslen yahudiydi. Çevre ona "Yahudi kızı" demekteydi. Safiye, bu sözlerden üzülmekteydi.

Peygamberimiz, Safiye'nin sıkıntısına hemen çözüm buldu. "Bir daha aynı şeyleri söyleyecek olurlarsa sen de onlara şunu söyle:

"Benim kocam Muhammed, babam Hz. Harun, amcam da Hz. Musa'dır. Bu durumda ben hepinizden üstünüm."

Bir sefer sırasında Peygamberimiz eşlerinden Zeynep'in, Safiye'ye "Yahudi kızı!" dediğini duydu.

Sefer boyunca Zeynep ile konuşmadı. Hatta bu küslüğünü Medine'ye döndükten sonra da devam ettirdi...

O aynaydı:

Herşeyin sultanı olan Melik'in...

ANNE İÇİN GÖZYAŞI

Annesini yalnız altı yıl görebilmişti. O altı yılın büyük bir kısmı da süt annenin yanında geçmişti.

Mekke sıcaktı. Çocuklar, daha serin beldelere gönderiliyorlardı süt anneler eşliğinde.

O da süt annenin yanında geçirmişti pek çok yılını.

Annesi vefat ederken yanındaydı.

Mekke'den uzaktaydılar.

Kimsesiz ve memleketinden uzakta annesinin ölümünü yaşadı...

Ayrılığın ateşini kor kor hissetti çocuk yüreğinde. Annesini gömülü olduğu yerde bırakıp, yalnız dönmüştü Mekke'ye. Babası gibi annesinin mezarı da yoktu memleketinde.

Hudeybiye Umresinden Mekke'ye giderken Ebva'ya uğradı peygamberimiz. Cenab-ı Allah'tan izin isteyerek annesinin kabrini ziyaret etti. Mübarek elleriyle kabri düzeltti.

Gözlerinden yaşlar döküldü.

Ağlıyordu...

Sevgili Peygamberimiz annesinin kabri başında bir çocuk gibi ağlıyordu. Altı yaşındaki bir çocuk gibi belki... Şefkatin kaynağı, şefkat kapısı annesi için ağlıyordu.

Gözyaşları toprağa damlıyordu.

Arkadaşları da ağladılar.

İçlerinden biri sordu:

"Ey Allah'ın Resulü niçin bu kadar ağlıyorsunuz?"

Efendimiz kainat güzeli başını kaldırdı. Gözyaşları yüzünden aşağılara kaydı.

"Annemin benim hakkımdaki sınırsız şefkatini düşündüm de..."

O aynaydı: Çok merhametli, şefkatli, acıyan Şefik'in...

DİĞER ANNELERİ

Peygamberimiz doğduğunda Ebu Leheb'in cariyesi Süveybe, bir hafta kadar onu emzirmişti. Efendimiz, hayatı boyunca bu hanımı unutmadı. Halini hatırını sorar, hediyeler gönderirdi.

Medine'ye hicretinden sonra da ona hediye göndermeye, halini hatırını sormaya devam etti.

Süveybe vefat etmişti.

Süveybe'nin ölüm haberini alınca bir yakını olup olmadığını araştırdı.

Süt annesi Halime'yi hiç unutmazdı.

Halime bir gün Mekke'ye gelmişti. Yaman bir kıtlık yaşamakta olduklarından dert yandı. Bütün hayvanları kuraklıktan ölmüştü. Hatice ile birlikte kırk koyun ve binecek deve vererek gönderdiler Halime'yi.

Halime yanına geldiği zaman peygamberimiz ona şöyle hitap ederdi:

"Anneciğim, anneciğim!"

Bu süt annesine, omuzundan hırkasını çıkarıp altına sererek sevgi ve hürmetini gösterirdi.

Çocuk iken dadısı olan Ümmü Eymen'e de:

"İkinci annem" der ve "annem" diye hitap ederdi.

O aynaydı:

Pek esirgeyici, çok merhametli ve şefkatli olan Atuf'un...

YEMEĞİ DÖKÜNCE

Peygamberimiz Hz. Aişe'nin odasındaydı. Diğer eşi Safiye peygamberimiz için bir kap yemek göndermişti.

Hz. Aişe peygamber kendi yanındayken, başka hanımlara ait hiçbir şey istemiyordu.

Hz. Safiye çok güzel yemek yapan birisiydi.

Hz. Aişe der ki:

"Ömrümde onun kadar güzel yemek yapan görmedim."

Böyle güzel yemek yapan bir hanımdan yemeğin gelmesi Hz. Aişe'yi rahatsız etmişti. Hz. Aişe bu konudaki rahatsızlığını kendisi de itiraf eder, der ki:

"Çok şiddetli bir kıskançlık hissettim. Gidip kabını kırdım. Sonra da pişman oldum."

Aişe yemeği getiren hizmetçinin eline vurarak yemeğin dökülmesini sağlar.

Yemek tabağı yere düşüp kırılmıştır. Yemekler de yerlere dökülmüştür.

Hz. Aişe yaptığı davranışın eşinde nasıl bir tesir yaptığını görmek için peygamberimizin yüzüne bakar.

Peygamberimizin yüzünde çok nadir görülen öfke hali belirmiştir.

Hz. Aişe'nin yaptığına pişman olmasına yeter bu görüntü. Hemen zekasını kullanarak eşinin öfkesini üzerinden almayı sağlayacak tarzda konuşur:

"Bugün bana fena bir söz söylemesinden Allah'ın Resulüne sığınırım."

Hataları yüze vurmayan Allah Resulü kalkar, kırılan tabak parçalarını ve dökülen yemekleri toplamaya başlar.

Çünkü yemeğin dökülmesi diğer hanımını üzecek bir hadisedir. Bu davranış Safiye'ye karşı bir mesajdır. Olayı beğenmediğini, davranışıyla gösterir.

Yemekleri bir taraftan toplarken bir taraftan da der ki etraftakilere:

"Yeyiniz ananız gayrete geldi."

"Yeyiniz ananız kıskandı."

Yanlışını anlayan Hz. Aişe pişmandır. Kendisini nasıl affettireceğini sorar.

Peygamberimizin cevabı kısas türüdür:

"Tabağa aynıyla tabak, yemeğe misliyle yemek."

O aynaydı:

Asla zulmetmeyen, hakkaniyetle hükmeden Adl'in...

ÖNCE KİM ÖLECEK?

Peygamberimiz çoğu zaman, sabah namazını kıldıktan sonra eşlerini tek tek ziyaret eder ihtiyaçlarını öğrenir, gönüllerini alırdı.

Her akşam bir eşinin odasında kalırdı. Eşlerinin odasına girerken ilk yaptığı selam vermek ve sonra da dişlerini misvaklamak olurdu.

Çoğu zaman da eşleri, peygamber hangi eşin odasında ise orada toplanırlar ve sevgili eşleri ile sohbet ederlerdi.

Bu sohbetlerin konusu genellikle eski kavimlerin kıssaları olurdu. Varsa sorularını cevaplar, onlarla şakalaşırdı.

Yine böyle bir akşam sohbeti sırasında hanımları sordu:

"Ey Allah'ın Resulü, vefatınızdan sonra size ilk kavuşacak eşiniz kimdir?"

Peygamberimiz buyurdu: "Eli en uzun olanınız."

Bunun üzerine hanımların her biri eline bir kamış alarak en uzun kolluyu tespite çalıştılar.

Peygamberimiz, nüktesinin arkasındaki gerçeği anlamayan eşlerine tebessüm ediyordu.

En uzun kollu eş Hz. Sevde çıktı.

Fakat ilk önce vefat eden Hz. Zeynep oldu.

Zeynep, eşler arasında en çok sadaka verendi...

O aynaydı:

Yüce olan Aliyy'in...

DÜĞÜN SABAHI ZİYARETİNE GELDİ

O yalnız kendi hanım ve kızlarına nazik ve kibar değildi. O tüm hanımlara bu günün insanının ulaşamadığı nezaket kuralları içinde davranırdı. Pek çok kişinin anlama kapasitesini aşan incelikler gösterirdi.

Peygamberin hayret veren davranışları, ince iltifatlarıyla nasiplenmeyen hanım yok gibiydi.

Muhatap olduğu tüm sahabe hanımlar o Latif'in aynasından hissedar olmuşlardı.

Nezaketin, kibarlığın, ince davranışın, gönül alışın nasıl olduğunu görmüşlerdi.

Savaşlarda kendi çocuklarını, eşlerini unutup onu sormuşlardı. Kendi çocuklarının ölümünü duymaları, onları ilgilendirmemişti. O sağ olsun yeterdi.

Bu nasıl bir sevgiydi? Bu nasıl bir tutkuydu? Dünyevi sevgilerin üzerinde bir sevmeydi bu.

Bu sevgiyi anlayabilmenin tek yolu vardı. O da ona ancak ayna olduğu zat ile bakmak. Yoksa ne o sevgi anlaşılır, ne de o sevgili Peygamber.

Peygamberimizin çok ince davranışlarından birine mazhar olmuş bir hanım da Rubeyyi' binti Muavviz. Hudeybiye'de ağaç altında Peygambere biat etmişti.

Peygamberi ile birlikte savaşlara katıldı. Yaralıları tedavi etti, kimi zaman da onları Medine'ye taşıdı.

Rubeyyi' gelin olmuştu. Evlendiği gecenin sabahı evine bir konuk onu tebrike geldi.

Sevgili Peygamberi, Rubeyyi'nin yatağına oturarak onunla sohbet etti.

Yıllar sonra Ammar bin Yasir'in torunu Rubeyyi'den Peygamberini sordu.

Rubeyyi onu tanımlayamamanın çaresizliği içinde tanımlamaya çalıştı:

"Yavrum! Şayet onu görmüş olsaydın doğan güneş zannederdin."

O aynaydı:

Kusurdan, zulümden, aciz olmaktan, merhametsizlikten, muhtaç olmaktan münezzeh olan Sübhan'ın...

YALAN SÖYLEMEYİN

Hanımlar rahatlıkla gidip onunla konuşurlardı. İstedikleri her konuyu serbestçe sorarlardı.

Hanımlardan bazıları güzel konuşmalarından, hitabetlerindeki akıcılıktan dolayı peygamberimizin övgüsünü kazanmışlardı.

Bunlardan bir tanesi Esma binti Yezid'di. Akıllı, yiğit bir kadındı. O dönemlerde hanımlar da savaşlara katıldığı için, erkeklere verilen yiğit sıfatı bu hanımlara da verilmekteydi.

Esma, aynı zamanda çok güzel konuşan bir kadındı. Hanımlar adına peygamberimizle yaptığı bir konuşmanın güzelliği çok meşhur olmuştu. Hatta peygamberimiz bu güzel hitabetinden dolayı ona bir de isim vermişti: "Hatibetü'n-nisa." Yani kadınların hatibi.

Esma, Peygamberimizle Hz. Aişe'nin evlendiği gece Hz. Aişe'yi süsleyen hanımlardandı. Esma, Peygamberimizi gelinin odasına davet etti. Peygamberimiz Hz. Aişe'nin yanına oturdu.

O sırada peygamberimize bir büyücek kap süt ikram edildi. Peygamberimiz bir kısmını içtikten sonra devamını Aişe'ye verdi. Hz. Aişe utanıp almamıştı ki, Esma hanım Aişe'nin kolunu dürterek onun Peygamber ikramını geri çevirmemesini sağladı.

Aişe sütü içtikten sonra peygamberimiz ona sütü Esma'ya vermesini söyledi.

Esma akıllı bir kadındı, bu fırsatı kaçırmak istemedi. Peygamberimize dedi:

"Ey Allah'ın Resulü kabı sen al, iç ve bana kendi ellerinle ver."

Peygamberimiz Esma'nın isteğini yaptı.

Esma sütten içtikten sonra peygamberimiz süt kabını odada bulunan diğer hanımlara vermesini buyurdu.

Diğer hanımlar peygamber huzurunda bir şey içmekten sıkılarak "iştahımız yok" dediler.

"Karnınız açken, iştihamız yok diye sakın yalan söylemeyin." buyurdu Peygamberimiz.

O aynaydı:

Her işi doğru; yalandan, hileden uzak olan Sadık'ın...

İHTİYARI NASIL TESELLİ ETTİ?

Artık iyice ihtiyarlamış, ölüm ona çok yakınlaşmıştı. Bunu kuvvetle hissediyordu. Bir isteği vardı artık onun. Peygamberin şerefli huzuruna gitti.

"Ey Allah'ın Resulü!" diye başladı söze. O kapıya gelenler hep böyle başlarlardı konuşmaya.

Sonra da sevgi sözcüklerini ifade ederlerdi.

O da öyle yaptı. Sonra isteğini belirtti.

"Benim için dua et. Allah beni cennetine koysun."

Oldukça masum bir istekti bu, bir ihtiyar için.

Peygamberimiz ihtiyar kadına baktı:

"Yaşlı kadınlar cennete giremez." buyurdu.

Cevap kadını can evinden vurmuştu. O dua dilekleri için gelirken, cennete girememe haberi onu derinden sarstı.

Üzüntüsünden ağlamaya başladı. Onun tek isteğiydi cennet.

Peygamberin ince şakasını anlamamıştı yaşlı kadın. Allah'ın azabından korkup, ağlayan bu ihtiyarı, sözlerinin altındaki inceliği açıklayarak kendisi teselli etti Efendimiz.

Teselli sözcüklerinde yaşlı kadının isteğinin müjdesi vardı.

"Üzülme" dedi peygamber, nineye.

"Yaşlı değil, bir genç olarak cennete gireceksin..."

O aynaydı:

Dilediği gibi yapmaya gücü yeten Kadir'in...

BABASI TOKAT ATINCA

Hz. Aişe ile Peygamberin arasında bir tartışma olmuştu. Peygamberimiz, konuyu bir hakeme götürmeyi Aişe'ye teklif etti. Aişe de peygamberin bu teklifini uygun gördü.

Peygamberimiz, hakem olarak Aişe'ye babasını teklif etti. Babasının hakemliği Aişe'nin hoşuna gitti. Babasını hakem olarak kabul etti.

Ebu Bekir hakem olarak geldi. Kızı ile eşi arasındaki olayı dinlemeye başladı. Konuyu ilk anlatan peygamberimiz oldu.

Konunun anlatımında Aişe eşini ikaz eder ifadelerde bulundu. Bir ara dedi ki:

"Anlatımında adaletli ol."

Bu cümle hakemi hakemlikten çıkartan davranışı yaptırdı. Hz. Ebu Bekir, peygamberin daimi dostu, çok sinirlendi.

"Sen Allah Resulüyle nasıl böyle konuşursun!" diyerek kızına bir tokat attı.

Aişe, hakemden korkup hemen Peygamberin yanına sığındı.

Eşinin babası tarafından böyle şiddetli bir tokat yemesine üzülen peygamberimiz Ebu Bekir'e bu yaptığını onaylamadığını gösterir tarzda dedi:

"Ey Ebu Bekir! Seni hakem kılmaktan maksadımız bu değildi..."

O aynaydı:

Haklıyı haksızı birbirinden ayıran Hakem'in...

EŞİNE VEFA

Peygamberimizin yanına girmek için bir kadın izin istedi. Peygamberimiz bu sesi duyunca irkildi ve dua etti:

"Allah'ım bu izin isteyen inşallah Hale'dir."

Gerçekten de izin isteyen Hz. Hatice'nin kardeşi Hale'ydi. Sesi kız kardeşine çok benziyordu.

Onu hatırlatan her şeye çok önem veriyordu peygamber. Hatice'nin arkadaşlarını da unutmuyor, onlara hediyeler gönderiyor, yanına geldiklerinde de hırkasını üzerine oturmaları için sererek onlara iltifat ediyordu.

Bu davranış nedeni için de diyordu:

"Onlar Hatice'yi çok severlerdi."

Hatice'yi sevenleri sevmesi bile kızdırmıştı bir gün nazlı eşi Aişe'yi. Düşündüklerini söyledi bir gün eşine:

"Allah sana Hatice'den daha güzelini, daha gencini nasip etmedi mi?"

Vefa timsali Hatice'yi bu genç eşine karşı içtenlikle savundu:

"Yemin ederim ki Allah bana ondan daha hayırlısını nasip etmedi. Herkes benim peygamberliğimi inkar ederken, o beni onayladı.

Herkes beni yalancılıkla suçlarken, o beni doğruladı.

Kimse bana bir şeycik vermezken, o malını mülkünü benim emrime verdi. O bana altı çocuk verdi."

Eşler arasındaki sadakatin örneklerini veriyordu efendimiz ümmetine.

O aynaydı:

Herşeyi Kendi varlığı ile ayakta tutup, varlıklarını devam ettiren Kayyum'un...

MERHAMETİN YOK MU?

Hayber kalesi fethedilmişti. Pek çok kadın ile birlikte Hayber kalesinin reisinin gelini de esir alınmıştı.

Esirler içerisinde Safiye'yi, Hz. Dıhye beğenip aldı.

Sahabiler buna itiraz ettiler. Çünkü Safiye çok şerefli bir aile kızı ve reisin gelini idi. Bu hanım peygamberle evlenmeliydi.

Peygamberimiz bu itirazı kabul etmezse ashab rahatsız olacaktı. Hz. Bilal'e, Safiye'yi alıp getirmesini buyurdu peygamberimiz.

Hz. Bilal, Hz. Safiye'yi esir düşen amcasının kızı ile birlikte alıp getirirken, onları Yahudi erkeklerinden iki kişinin ölüsünün yanından geçirdi.

Bu sırada Safiye'nin amcasının kızı, feryat figan ederek başına topraklar saçtı.

Peygamberimiz bu olayı uzaktan seyrediyordu.

Hanımların acılarının tazelenmesi, o merhametli yüreği rahatsız etti.

Bilal'e dedi:

"Ey Bilal! Senden merhamet ve şefkat duygusu sökülüp atıldı mı ki bu kadıncağızları ölülerin yanından geçiriyorsun?"

Bilal mahcup olmuştu.

Peygambere dedi:

"Ya Resulallah! Zatının bundan rahatsız olacağını tahmin etmemiştim..."

Halbuki o aynaydı:

Merhamet edip, şefkat eden Rahmanü'r-Rahim'in...

UTANMAZ KADIN

Her türlü insan o kapıya başvururdu.

Kapısı herkese hep açıktı.

Günah işleyen de o kapıya koşardı, problemi olan da...

Alemlere rahmetti o...

Rahmeti bol bir kapıydı o.

İşte o rahmet kapısına bir gün bir kadın geldi.

Peygamberimiz yemek yemekteydi.

Gelen kadın çocuk huyluydu.

Çocuk pek bir şeyi akledemediği gibi, olur olmaz her şeyi de isterdi. Ne ayıp kavramı, ne utanma duygusu gelişmişti.

Bu çocuk huylu kadın, peygamberimizden lokma istedi. Peygamberimiz verdi.

"Hayır" dedi kadın.

"Ağzındaki lokmayı istiyorum!"

Peygamberimiz kendisinden istenen hiçbir şeyi reddetmezdi. O rahmet kapısından her isteğe cevap verilirdi. Rahmetin asıl sahibinden nasıl her şey isteniyorsa, o rahmetin aynasından da her şey istenirdi.

Kadın da istedi.

"Ağzındaki lokmayı" dedi.

Kadının isteğini verdi rahmet aynası.

Her şeyi değiştiren rahmet, bir lokma ile değiştirdi kadını. Bir lokmada gönderdi ona, rahmet olacak ihtiyacını.

Hiç utanma duygusu olmayan bu hanım, utanmada tüm kadınları geçer oldu.

Çünkü o:

"O yeni örtünme çağına gelen bir genç kız gibi haya sahibiydi." dedikleri peygamberden bir yansıma almıştı...

O aynaydı: Temizleyen, temiz ve pak olan Kuddus'ün...

SEN ÇİRKİN DEĞİLSİN

Yaşlı bir kadın gelmişti Peygamberin yanına. Peygamber onu tanıyordu. Tanıdığı halde ismini sordu.

Kadın:

"Cessame" dedi.

Cessame çirkin şey anlamına geliyordu.

İsmin insan psikolojisi üzerinde çok etkisi vardı.

Peygamberimiz dedi:

"Hayır, sen Cessame değilsin. Hassane'sin (güzel şeysin.)"

Onda her şey güzelleşirdi.

Bir anda çirkin bir kadını güzel edivermişti.

İsmini değiştirdiği bu yaşlı kadına peygamber çok iltifatta bulundu, çok ilgi gösterdi.

Hz. Aişe'nin gözünden kaçmamıştı bu ilgi. Yaşlı kadın peygamberin yanından ayrıldıktan sonra hemen sordu bu ilginin nedenini.

"Ya Resulallah! Bu kadına ne çok iltifat ettiniz?"

Peygamberimiz, bu kadına karşı ilgisinin sebebini söyledi:

"Bu kadıncağız Hatice'nin arkadaşı idi, onunla evli olduğumuz yıllarda bizi sık sık ziyaret ederdi..."

O aynaydı:

Övülen Hamid'in...

BEBEK KONUŞUNCA

Mekke'de müslümanlara yapılan eziyet had safhaya ulaşmıştı. Peygamberimizin yanına gelerek sordular:

"Ey Allah'ın elçisi bizi kurtarması için Allah'a dua etmeyecek misin?"

Peygamberimiz onlara sabır tavsiye etti.

Eski devirlerde dini uğruna çile çeken insanları anlattı.

Testere ile kesilmişlerdi. Çukurlara gömülmüşlerdi. Etleri parça parça edilmişti.

Bunlardan biri bir kadındı...

Firavunun kızına yıllarca berberlik yapan bir hanım. Peygamberimiz büyük çileler karşısında dayanan bu hanımı sahabilerine şöyle tanıttı:

"Firavun herkesin kendisine tapmasını istiyor, tapmayanları öldürüyordu. Bu kadının da Allah'a iman ettiğini duyunca çocuklarıyla birlikte ateşe atılmasını emretti.

Kadının gözleri önünde çocuklarını tek tek ateşe attılar. Kadın evlatlarının yanışını tarif edilmez acılarla seyretti.

Sıra en küçük çocuğuna gelmişti. Bebekti o... Kundaktaydı... Acıya dayanamayacağını sandı anne. Ciğerleri kalbi, tüm vücudu acıyordu, yanıyordu... İsyan etmiyordu ama, etmeyecekti. İmanından vazgeçmiyordu.

Bebeği ateşe fırlattılar. Yanıyordu...

Öyle bir an geldi ki kadın imanından vazgeçme noktasına yaklaştı. Korktu ateşten...

Tam bu anda, kadının iman boyutunda Allah bir mucize gerçekleştirdi.

Bebek konuşmaya başladı. Annesine:

'Anneciğim at kendini! Ahret azabının yanında dünya azabının ne önemi var!' diye seslendi.

Kadın, Allah'tan gelen bu ilahi işaret üzerine hiç tereddüt etmeden kendini ateşe attı...

O aynaydı: Varlıkları hiçten yaratan Mübdi'nin...

TIRNAKLARINI KESMEDİKÇE

Mekke fethedilmişti...

Bu fetihle birlikte müslümanlara yıllarca acı çektirip İslama girmemekte direnen, şehrin tabiatı gibi sert ve sarp pek çok kalp İslama açıldı...

Bunlardan birisiydi Hind...

Peygamberin sevgili amcasının kalbini yiyecek kadar canavarlaşan bu kadın, Allah'ın hikmetiyle yumuşamış, müslüman olmuştu. Peygamberin sevgi dolu nuru, Allah'ın izniyle onu da İslam dairesine almıştı.

Tanınmamak için değişik kıyafetlerle peygamberin huzuruna gelen Hind, yaptıklarından çok pişmandı. Çok utanıyordu..

Öyle utandı, öyle pişmanlık yaşadı ki huzur-u şerif'te, alıp başını çöllere gitti.

Sonra tüm kaçakların sığınak yeri, o merhamet kapısına döndü yine. Pişmanlıkla, utançla bağlılığını bildirmek istedi.

Peygamber, Hind'e baktı, bağlılığını kabul etmeyeceğini söyledi. Bir şeyi yapmadıkça.

Amcasını öldürtüp kalbini parçaladığı için özür mü dilemesiydi isteği?

Hayır.

Ya da müslümanlara bu denli çektirdiğinin karşılığını mı vermesiydi?

Hayır.

Ne olabilirdi ki o şey?

Peygamber, Hind'e baktı ve dedi ki:

"Ellerini temizleyip, tırnaklarını kesmedikçe bağlılığını kabul etmem!"

O aynaydı:

Pak ve temiz olan Kuddus'ün....

Bağlılığını bildirdi sonra Hind peygambere. Peygamber birkaç hususta durmak üzere onlardan bağlılık aldı.

"Allah'a ortak koşmamak.

Çocukları öldürmemek.

Hırsızlık yapmamak."

Hind çok zeki ve akıllı bir kadındı. Hemen bu hükmün başka bir boyutunu düşündü.

Eşi Ebu Süfyan cimriydi. Evin ihtiyaçları için para vermezdi. Onun haberi olmaksızın, onun malından bir şeyler alıp çoluk çocuğuna sarf etmek acaba hırsızlık olur muydu?

Bu düşünceler içerisinde kocasının malından ona haber vermeden alıp ailesi için harcamanın hükmünü sordu.

Peygamber buyurdu:

"Ölçü dairesinde zarar yoktur."

O aynaydı:

Kendisine yönelinen Münib'in...

NASIL AĞLAMALI?

Hz. Cafer, Tayyar lakabıyla cennete uçtuğunu, savaşta şehit düştüğünü Peygamberin haber verdiği sahabeydi.

Allah'ın Sevgilisi gönül gözüyle, Mu'te'de savaşın her anını sahabilerine haber vermekteydi. Cafer şehit düştükten sonra Peygamberimiz Cafer'in evine gitti.

Eşi Esma hiçbir şeyden habersiz ev işiyle meşguldü.

Peygamberimiz sordu: "Ey Esma, Cafer'in oğulları nerede?"

Esma olanlardan habersiz peygamberin yanına getirdi oğullarını. Peygamberimiz küçük çocukları kucaklayıp, öptü. Gözlerinden yaşlar akıyordu.

Esma bir anda algıladı her şeyi ve sordu:

"Anam babam sana feda olsun ya Resulallah niçin ağlıyorsunuz? Yoksa Cafer ve arkadaşlarından acı bir haber mi erişti?"

Peygamberimiz Esma'ya:

"Evet" dedi.

"Onlar bu gün şehit oldu."

Esma ağlamaya başlamıştı. Tüm kadınlar toplanıverdi bir anda evine.

Peygamberimiz Esma'ya dedi:

"Ey Esma ağzından uygunsuz ve kaba bir söz kaçırma ve göğsünü de dövme."

İlk taziyeyi Esma'ya sabır tavsiyesi ile kendisi yapan Peygamber evine döndüğünde eşlerine buyurdu:

"Cafer ailesi için yemek yapmayı ihmal etmeyiniz."

İslamda ölen kişinin ailesi için ilk yemek yapma o gün başladı. Esma'ya üç gün yemek yapıldı.

O aynaydı:

Nimet veren Mün'im'in....

KADININ SEVAPTA ÜSTÜNLÜĞÜ

Medine'de peygamberimize ilk iman edenlerdendi Esma. Peygamberimiz güzel konuşmasından dolayı ona kadınların hatibi ünvanını vermişti.

Esma bir gün Peygamberin huzuruna geldi. Dedi ki:

"Anam babam sana feda olsun ya Resulallah.

Ben sana kadınların elçisi olarak geldim.

Allah seni bütün erkek ve kadınlara peygamber olarak göndermiştir. Biz sana ve senin Rabbine iman ettik.

Kadın olduğumuz için evlerimize kapandık kaldık, nefislerinizi tatmin ettik, çocuklarınızı karnımızda taşıdık.

Siz erkekler ise Cuma namazı kılmak, camiye ve cemaate girmek, hasta ziyaret etmek, cenazelerde bulunmak, birden fazla hacca gitmek gibi hususlarda bize üstünlük sağlamış bulunuyorsunuz.

En önemlisi Allah yolunda cihat etmek...

Siz hac, umre ve düşmanla savaşmak için evlerinizden çıktığınız zaman mallarınızı biz koruruz. İplik eğeriz, size elbise yaparız. Çocuklarınızı besleriz.

Peki biz sizin kazandığınız hayır ve sevaplarda size ortak olamaz mıyız?"

Esma'nın bu sözleri peygamberimizin çok hoşuna gitmişti. Ashabına dönerek dedi ki:

"Siz bir kadından din konusunda bundan daha güzel bir soru duydunuz mu?"

Peygamberimiz sonra Esma'ya dönerek:

"İyi anla ve seni buraya gönderen hanımlara da iyi anlat. Bir kadının kocasıyla güzel geçinip onun hoşnutluğunu kazanması sevap bakımından o saydığın üstünlüklerin hepsine denktir..." buyurdu.

O aynaydı:

Müjdeleyen Beşir'in....

SAVAŞAN HANIMLAR

Resulullah'ın her emrini erkekler gibi gözetip yapan hanımlar, savaşa katılma konusunda da onlardan geri kalmak istemiyorlardı.

Ümmü Ziyad, Hayber savaşına katılan altı kadından birisiydi.

Bunlar Resulullah'tan izin almadan savaşa katılmışlardı. Durum Peygamberimize haber verildi.

Allah Resulü kadınları huzuruna çağırdı.

Kızgındı.

Yüzünde öfke alametleri vardı.

Hanımlara sordu:

"Kiminle çıktınız, kimin izniyle çıktınız?"

Ümmü Ziyad tüm hanımlar adına konuştu:

"Biz yün eğirip, onunla Allah yolunda yardımcı oluruz. Okları toplar veririz.

Yanımızda yaralılar için ilaçlar var. Yemek yaparız."

Ümmü Ziyad, savaşa katılma nedenlerini anlatınca Peygamberimiz onlara dedi:

"Öyleyse kalın."

Savaş bitmişti.

Hayber fethedilmişti. Savaşa katılan bu altı kadın unutulmadı. Ganimetten onlara da verildi.

Yıllar sonra Ümmü Ziyad'a torunu sordu.

"Babaanne size verilen ganimet neydi."

"Hurma..."

O aynaydı:

Zengin kılan Muğni'nin...

BİLEZİKLER

Peygamberimizin yanına bir hanım ve kızı gelmişti. Kızın kolunda iki altın bilezik vardı.

Peygamberimiz anneye sordu:

"Bu bileziklerin zekatını veriyor musunuz?"

Kadın cevap verdi peygamberine:

"Hayır vermiyorum."

O zaman Peygamberimiz kadına dedi:

"Kıyamette iki altın bilezik yerine, Allah'ın sana ateşten iki bilezik taktırması hoşuna gider mi?"

Tabii ki hoşuna gitmezdi. Kadın hemen kızının kolundaki bilezikleri çıkarttı ve bağışladı.

Peygamber bilinmeyeni öğretiyor, bilineni hatırlatıyordu.

Kadınların bilhassa zaaf noktaları olan altın takı konusunda onların hemen yapması gereken davranışı onlara hatırlatmıştı.

Zekat konusunun titizliğini vurgulamıştı.

Onun yanında olmak ve onunla konuşmak şerefine mazhar olan hanımlar da emre uyma konusunda ne derece titiz olduklarını davranışlarıyla gösteriyorlardı.

O aynaydı:

Öğretip, hatırlatan, terbiye eden Mürebbi'nin...

DEVLET YÖNETİMİNDE KADIN

Akabe biatı olmuştu. Yani Allah Resulüne Medineliler gelip bağlılık yemini etmişlerdi. Bunlar içerisinde kadınlar da vardı.

Peygamber kadınları da biat için ayrıca kabul ediyordu. Eşleri biat ediyor, onlara ne gerek var düşüncesi ile bakılmıyordu olaya. Onları ayrı bir fert, ayrı bir birey, ayrı bir kul kabul ediyordu.

Biat eden hanımlardan biri Hz. Nesibe'ydi.

Akabe biatından sonra Peygamberimiz Medine'ye geldiği zaman devletin yönetimine on iki kişi seçmişti. Bu on iki kişiden iki tanesi hanımdı. İşte Hz. Nesibe bu iki hanımdan birisiydi.

Allah Resulünün yönettiği bir devletin en üst kadrosundaydı. İdareciydi.

Aynı Nesibe, Uhud savaşına da katılmıştı. Amacı yaralıları tedavi etmek, su taşımaktı. Giderken yanına kılıcını almayı da ihmal etmemişti.

Uhud savaşının o birinci panik anında Peygamberin korumasında ilk başta yalnız bir kadın vardı. Peygamber, müşrikler karşısında tek bir kadınla kalmıştı.

Bu kadın Hz. Nesibe'ydi.

Nesibe, Peygamberi koruma anında öyle bir kılıç darbesi aldı ki sağ omzundan beline kadar ayrıldı.

Efendimiz mübarek elleriyle sıvazladı bu şahadet getirtecek yarayı. Yara iyileşti. Hz. Nesibe, gözyaşlarını akıtarak sordu Peygamberine:

"Ey Allah'ın Resulü şehit olmak şerefinden beni neden mahrum ettin?"

Peygamber bu imanlı yüreği duasıyla müjdeledi:

"Sen ve soyun cennette benimle olacaksınız. Ben seni mahrum etmedim."

Hz. Nesibe bu savaşta bu öldürücü darbeden başka dört ok, altı kılıç, bir mızrak yarası daha aldı.

Yaralarının iyileşmesi tam bir yıl sürdü. Bu süre içerisinde sevgili Peygamberi, sık sık ziyaretine gitmekle onu sevindirdi.

O aynaydı:

Maddi ve manevi hastalıklara şifa veren Şafi'nin....

ÇOCUĞU ÖLEN ANNELER

Bir gün Peygamberimizin yanına bir hanım geldi. Peygamberimize sordu:

"Ey Allah'ın elçisi! Senin sözlerinden hep erkekler faydalanıyor. Biz kadınlara da bir gün ayır, o gün senin yanına gelelim. Allah'ın sana öğrettiğini biz de öğrenelim."

Peygamberimiz bu akıllı kadının haklı isteğini, olumlu karşıladı.

"Falan gün, şu yerde toplanınız." buyurdu.

O gün Peygamberlerini dinlemek için kadınlar toplandılar. Peygamberimiz onların yanına gitti.

Onlara Allah'ın isteklerini öğretti ve bazı tavsiyelerde bulundu. Sonra bu hanımlara dedi ki:

"İçinizden hiçbir kadın yoktur ki, çocuklarından üç tanesini kendinden önce ahrete göndersin de, onlar kendisi ile cehennem arasında bir engel olmasın."

Bir kadın:

"Ya iki çocuğu ölenler diye sordu."

Peygamberimiz iki defa tekrarlayarak:

"İkisi için de öyledir buyurdu."

O aynaydı:

Pek çok bolluk ve bereket veren Feyyaz'ın....

O KADIN CEHENNEMLİK

Bir adam, peygamberimizin huzurunda iki farklı huylara sahip kadından söz etti.

Farklı huylarda olan bu hanımların farklı da ibadet tarzları vardı. Sorunun sahibi bu iki farklı hanımın manevi durumunu merak ediyordu.

Makbul olan hangisiydi. Ya da hangi kadının yaptığı doğruydu. Manevi alemdeki beğeninin nasıl olduğunu bilecek tek kişi vardı bu alemde...

"Ey Allah'ın Elçisi! Falan kadının çokça namaz kıldığı, oruç tuttuğu, sadaka verdiği söyleniyor. Fakat diliyle komşularını çok incitiyor." dedi.

Peygamberimiz dedi:

"O kadında hayır yoktur. O cehennemliktir!"

Sorunun sahibi, tanıdığı diğer kadından söz etti. Onun vasıflarını anlattı peygambere.

"Ey Allah'ın Elçisi" dedi.

"Falan kadın da farz namazlarını kılıyor, ihtiyaç sahiplerine peynir dağıtıyor, komşularını da incitmiyor."

Peygamberimiz müjdeledi: "O kadın cennetliktir.!"

O aynaydı:

Sakındıran ve müjdeleyen Nezir'in ve Beşir'in...

CASUS KADIN

Peygamberimiz Mekke seferini çok gizli tutuyordu. Bu seferi yalnız Aişe ile paylaştığı, ona söylediği belirtilmekte.

İslam ordusu Medine'de savaşa hazırlanırken peygamberimiz Ali, Zübeyr ve Mikdad'a emri verdi:

"Hızla gidiniz. Falan yere vardığınızda yanında mektup bulunan hayvan üzerinde bir kadın bulacaksınız. Mektubu ondan alıp bana getiriniz."

Üç sahabe hızla gidip, söylenen yerde kadını buldular.

Kadına,

"Yanındaki mektup nerede?" dediler.

Kadın:

"Benim yanımda mektup yok" dedi.

Bunun üzerine kadının devesini çökerttiler. Onu üzerinden indirip eşyasını aradılar. Mektup yoktu.

Hz. Ali kılıcını çıkarttı ve kadına: "Yemin ederim ki Allah Resulü yalan söylemez çıkar mektubu! Ya

çıkartırsın, ya da üzerini ararız!" dedi.

Kadın müslüman bir erkeğin yabancı bir kadına dokunamayacağını biliyordu.

Sordu:

"Siz müslüman değil misiniz?"

"Evet müslümanız, ama Resulullah sende mektup olduğunu söyledi. Gerekirse ararız!"

Kadın başka çaresi kalmadığını anladı.

"Yüzünüzü başka yöne çeviriniz." dedi.

Sahabiler arkalarını döndüler. Kadın saçlarının örgüsü arasında saklı mektubu çıkartıp onlara verdi.

O aynaydı:

Herşeyden haberdar olan Habir'in...

HALA SULTAN

Peygamberimiz bir gün Hz. Enes'in halası Ümmü Haram'ı ziyarete gitmişti. Ümmü Haram'ın evinde kuşluk uykusunu uyudu. Uykudan gülerek uyandı.

Ümmü Haram, peygambere sordu:

"Anam babam sana feda olsun ey Allah'ın Resulü! Seni güldüren hadise nedir?"

Peygamberimiz dedi:

"Ümmetimden bir cemaatin, kralların tahta kurulması gibi deniz üstünde gemilere binip cihat yolculuğuna çıktıklarını gördüm."

Ümmü Haram bu fırsatı kaçırmak istemedi, hemen peygamberinden:

"Dua et, Allah beni de onlardan eylesin."

Peygamberimiz: "Sen de onlardan birisin." dedi.

Peygamberimiz tekrar yatmıştı, yine gülerek uyandı, Ümmü Haram yine sordu. Peygamberimiz bir önceki rüyası gibi cevap verdi.

Ümmü Haram yine dua istedi, onların da arasında olabilmek için. Peygamberimiz dedi:

"Sen önceki cemaattensin."

Yıllar geçmiş, peygamberimiz dünyadan ayrılmıştı. Ümmü Haram, Ubade bin Sabit ile evlenmişti. Ubade, Kıbrıs'ın fethi için giderken hâlâ Ümmü Haram da onunla gitmişti.

Kıbrıs fethedilmişti. Dönme vakti gelmişti. Gemilere gidiliyordu. Ümmü Haram'a binmesi için bir katır verilmişti.

Ümmü Haram bu katırdan düşüp boynunu kırdı. Oracıkta şehit oldu.

Hala Kıbrıs'ta kalmıştı.

Kıbrıslılar asırlardır bu halayı öyle sevdikler ki. Ona "Hala Sultan" dediler...

O aynaydı:

Takdir edici olan Mukaddir'in...

GÜNAHINI İTİRAF ETTİ

Cüheyne kabilesinden bir kadın gayr-i meşru olarak hamile kalmıştı. Her işlerinde peygamberine koşan tüm insanlar gibi o da peygamberine koştu.

Ne yapacaktı?

Pişmandı...

Kadın günahını anlattı peygamberine. Büyük bir pişmanlıkla anlattı...

Sonunda dedi:

"Ey Allah'ın Resulü ben cezayı gerektiren bir suç işledim. Bana cezayı tatbik et!"

Bunun üzerine Peygamberimiz kadının babasını çağırdı ve dedi:

"Bu kadına iyi davran, doğum yaptıktan sonra da bana getir."

Babası peygamberin isteği üzerine davrandı ve kadın doğum yapınca onu peygambere getirdi.

Resulullah kadın ile ilgili kararını verdi. Açılmaması için elbiseleri vücuduna bağlandı ve kadın recm edildi.

Daha sonra Peygamberimiz kendisine gelerek günahını itiraf eden bu kadının cenaze namazını kıldırdı.

Hz. Ömer sordu:

"Ey Allah'ın peygamberi zina yapan bu kadının namazını kıldırmanın hikmeti nedir?"

Peygamberimiz günahından büyük bir pişmanlık duyan bu kadın için dedi:

"Allah'a yemin ederim bu kadın öyle bir tövbe etti ki, tövbesi Medine halkından yetmiş kişiye taksim edilse yeter de artar bile.

Sen kendi canını Allah rızası için feda eden bir kadının tövbesinden daha değerlisini bulabilir misin?.."

O aynaydı: O büyük affedici olan Afüvv'ün...

ALIŞ-VERİŞ YAPAN KADIN

En küçük meselede ona koşardı herkes. En küçük isteklerini ona söylerlerdi. O, küçük büyük, yaşlı genç, kadın erkek farkı gözetmezdi. Ayırt etmezdi...

Herkesi dinlerdi. Herkesle ilgilenirdi.

Kayle, alışverişle meşgul bir hanımdı. O bir şeyi satın almak istediği zaman değerinden çok küçük bir fiyat teklif etmekteydi. Daha sonra da arzu ettiği fiyata doğru azar azar fiyatını artırmaktaydı.

Bir malı satmak istediğinde de bunun tam tersini yapmaktaydı. Önce değerinden çok yüksek bir fiyat söylemekte alıcıya, daha sonra da satmak için istediği fiyata doğru azar azar indirmekteydi.

Kayle, satış ve alış yöntemlerini peygambere anlattıktan sonra bunun doğru olup olmadığını sordu.

Peygamberimiz Kayle'ye dedi ki:

"Ey Kayle öyle yapma! Sen bir şey satın almak istediğin zaman doğrudan arzuladığın fiyatı teklif et. Sana ister verilsin, ister verilmesin.

Bir malı satmak istediğin zaman da, müşterinin teklif ettiği fiyata satsan da, satmasan da arzu ettiğin fiyatı söyle."

Kayle'ye peygamberin tavsiyesi çok ince bir doğruluk örneğiydi.

Her şeyinde emin olan zatın, alışverişteki eminlik boyutuydu. Doğru sözden ayrılmamak vardı bu davranışta. Sahteliğin her boyutuna karşı sırt dönmek vardı...

O aynaydı: Hükmeden, herşeyi hükmü altında tutan, idareci Hakim'in...

KADINLARI SÜSLEYEBİLİR MİYİM?

Ümmül Ri'le, Medineli hanım sahabilerdendi. Ümmül Ri'le kuafördü.

Hanımları süslüyordu. O, hanımları eşleri için süslüyordu. Yabancı erkekler için değil...

Yine de yaptığı işin İslamdaki yerini merak ediyordu.. Mesleğinin ne derece doğru olduğunu iyice öğrenmek istiyordu.

Merakını gidermenin tek yolu vardı. Huzur-u Şerife çıkmak.

Gitti onun huzuruna ve dedi ki:

"Ey Allah'ın Resulü bildiğiniz gibi ben şu işi yapıyorum. Bırakayım mı?"

Peygamberimiz cevap verdi:

"Ey Ümmül Ri'le, sen bu işini devam ettir, bırakma."

Siyahi bir kadının da Hz. Hatice'ye bugünkü anlamda kuaförlük yaptığı bilinmekteydi.

O aynaydı:

Bütün varlıkları güzelliklerle, hikmet ve sanatla süsleyen Müzeyyin'in...

EŞİNİN GÖRÜŞÜNE BAŞVURDU

Arkadaşları ona hiç itiraz etmemişti. Ona öylesine bağlıydılar.

Umre için yola çıktılar bin beş yüz can dostu.

Gittikleri Mekke'ye dönüyorlardı. Ne hasretle, ne umutla...

Umre yapacaklardı.

Yetmiş deveyi kurban için süslemişlerdi, umutlarla...

Telbiyelerle yol aldılar çöl sıcaklarında.

"Lebbeyk Allahümme lebbeyk. Lebbeyk la şerike leke lebbeyk..."

Kaç kez söylediler yol boyunca hangi duygularla kim bilir. Rableriyle kurulan manevi bağlantılarla...

Mekke yakınlarındaydılar...

Bekledikleri olmamıştı. Mekke'ye girememişlerdi. Umre yapamayacaklardı.

Barış peygamberi, alemlere rahmet peygamberi anlaşma yolunu tercih etmişti. Anlaşma şartları arasında o yıl için umre yapmama şartı da vardı.

Yıkılmıştı arkadaşları. Ne umutla gelmişlerdi.

Soruyorlardı:

"Hani Kabeyi tavaf edeceksiniz demiştiniz?"

"Evet" diyordu Allah'ın habibi. Ama bu yıl dememişti.

Ordusu kendisine karşı geliyordu peygambere. Arkadaşları karşı geliyordu ilk defa.

Kimse peygamberin emrini yerine getirmiyordu.

Bu kritik dönemde yanında eşi Ümmü Seleme vardı. Hayat deneyimli Seleme'ye durumunu anlattı peygamber, küsen arkadaşlarını, itiraz eden dostlarını.

Ne yapması gerektiğini sorar gibiydi peygamber.

Peygamberin bu zor anında kadın feraseti eşine bir çıkış yolu göstermişti.

Ümmü Seleme eşine dedi:

"Ey Allah'ın Resulü! Emrinin yerine getirilmesini istiyorsan çık, bir daha kimseye emretme, deveni kes, berberini çağır, seni tıraş etsin."

Peygamber eşinin dediği gibi yaptı. Çadırından çıktı, devesini kesti, tıraş oldu.

Bunu gören sahabiler peygamberlerinin yaptığını hemen yapmaya başlamışlardı.

En kritik durumu eşi Ümmü Seleme ile yaptığı istişare ile aşmıştı.

O aynaydı:

Herşeyi çekip çeviren, idare edip gözeten, Kendisine güvenip dayananların güvenini boşa çıkarmayan Vekil'in...

EŞİNE KIZINCA

Peygamberimiz bir gün eşi Aişe'ye dedi:

"Ya Aişe, ben senin benden memnun veya kızgın olduğun zamanları bilirim."

Aişe hayret etmişti.

"Ey Allah'ın Resulü bunu nasıl bilirsin?"

"Benden razı ve memnun olduğunda 'Muhammed'in Rabbi hakkı için' dersin. Bana kırgın olduğun zamanda 'İbrahim'in Rabbi hakkı için' dersin. Adımı anmazsın."

Peygamber, eşinin kendisiyle muhatap oluşunda bile onun kendisi ile bir probleminin olup olmadığını anlayacak incelikteydi.

Peygamberin bu sözleri karşısında Aişe dedi:

"Evet ya Resulallah öyledir. Ama ben hiçbir zaman sevginizi gönlümden çıkarmam!"

O aynaydı:

Görüp gözeten, koruyan, kendisinden bir şey saklanıp kaybolmayan Rakib'in...

HANIMLAR TARTIŞINCA

Peygamberin bir arada yaşadığı pek çok hanımı bulunmaktaydı. Bunlar kendi aralarında iki gruba ayrılmışlardı.

Bu gruplardan birini Aişe, Safiye, Hafsa, Sevde oluşturuyordu. Diğer grupta Ümmü Seleme ve Zeynep gibi eşleri vardı.

Bu gruplar arasında çıkan çekişme neticesinde Ümmü Seleme ve Zeynep gurubu, peygamberimize Ümmü Seleme'yi göndererek, Aişe'yi daha çok sevmesinden kaynaklanan rahatsızlıklarını belirtmek istediler.

Ümmü Seleme, peygamberimiz Aişe ile birlikte iken yanlarına gitti. Sertçe konuşmaya başladı.

Peygamberimize dedi ki:

"Ya Resulallah, eşlerin İbn Ebi Kuhafe'nin kızı hakkında Allah'tan senin için adalet istiyorlar."

Ümmü Seleme hitabette usta idi. Konuşmasına Aişe'yi dedesinin künyesi ile tanıtarak başlaması dikkat çekiciydi. Çünkü dedesi o zaman daha müslüman olmamıştı.

Peygamberimiz iki eşin arasındaki meseleye girmedi, yalnız bu konuda düzeltici bir cevap verdi.

Dedi ki:

"Aişe, Ebu Bekir'in kızıdır."

Peygamberimiz, Aişe'nin yüzüne bakmıştı. Bu bakış kendini müdafaa et anlamında müsaade idi.

Aişe, Ümmü Seleme'ye karşı konuşmaya başladı. Ona gerekli cevabı verdi.

Peygamber, iki eşini de kırmadan orta bir davranışla, onları kendi meselelerini halletme yoluna sevk ederek, olayın büyümemesini sağladı.

O aynaydı:

Haklıyı haksızdan ayıran Hakem'in...

EŞİNİ EVLENDİRMEK İSTEDİ

Hz. Hatice ile peygamberimiz arasında bir hayli yaş farkı vardı.

Hz. Hatice, daha sonraki yıllarda peygambere, daha genç kadınlarla evlenmesi için sık sık tekliflerde bulundu.

Hatta cariyeler bile satın aldı onun için.

Peygamberimiz, bütün bunlara karşı çıkarak, sevgili eşine vefasını gösteriyordu. Fiziksel görünüş için sevme değil, ruh ve kalp cihetiyle, ahlak yönüyle sevmenin eşsiz örneğini veriyordu.

O, Hatice'yi çok seviyordu. Hatice'nin onu çok sevdiği gibi. Misliyle karşılık veriyordu eşinin sevgisine.

Fakat ahlakın zirvesindeki bu seçilmiş eş, onu mutlu etmek için teklifinde ısrar ediyordu.

Yine bir gün dedi sevgili eşine:

"Ey Muhammed! Ben artık yaşlandım, başka hanımla evlensen."

Peygamberin ona cevabı, bir eşin emsalsiz vefa ve sevgi örneğinin sembolüydü:

"Ya Hatice! Böyle söyleme, üzülürüm..."

O aynaydı:

Sonsuz büyüklük sahibi olan Kebir'in...

PARLAK ALINLI GÖRMEDİK

Rebeze'den Medine'ye gelmekte olan bir grup insan şehrin yakınında konaklamışlardı. Peygamberimiz onlarla karşılaştı. Onlardan bir deveyi beğendi ve satın almak istedi. Pazarlık yapıldı. Peygamberimiz deveyi satın aldı. Medine'ye döndü.

Deveyi satanlar deveyi alanın peygamber olduğunu bilmiyorlardı. Parasını almadan deveyi vermişlerdi. Parayı peygamberimiz daha sonra vereceğini söylemişti.

Bir müddet sonra parayı almadan deveyi verdiklerine pişman oldular. Kendi aralarında tartışmaya başladılar. Niçin birbirlerini ikaz etmemişlerdi? Tedbirli hareket etmemişlerdi.

Bu insanlar tartışırken tartışmayı bir kadın durdurdu. Onlara dedi ki:

"Niçin tartışıyorsunuz? Bu kadar parlak alınlı bir insan hiç görmedik. Dikkat etmediniz mi? Onun yüzü ayın on dördü gibi parlıyordu!"

Kadının bu sözü üzerine tartışma bitti. Deveyi sattıkları kişinin, rastgele bir insan olmadığını anlamışlardı.

Çok vakit geçmemişti ki bir adam geldi. Onlara bir miktar yiyecek ile devenin parasını getirdi.

Onlara,

"Bunu Resulullah gönderdi," dedi.

Bu grup sabah Medine'ye vardı. Mescitte peygamberimiz ashabına nasihat ediyordu. Bu grubu tanıyan birisi dedi ki:

"Bunların kabilesi geçmişte benim akrabalarımdan birisini öldürdü. Şimdi de bunlardan birini ben öldürmeliyim!"

Peygamberimiz buyurdu:

"Hayır bunu yapamazsın! Bir evlat babasının suçu yüzünden öldürülmez!"

O aynaydı: Göklerin ve yerin Nur'unun...

O BENİM ANNEMDİ

Peygamberimizin, sütünden emmediği halde kendisine çocukken çok emeği geçtiği için, anne gibi gördüğü ikinci bir hanım vardı.

Hz. Ali'nin annesi, yani amcasının eşi.

Ebu Talip'in eşi Fatıma hanıma ölünceye kadar hürmet etti peygamberimiz. O, sekiz yaşından sonra bu hanımın evine gelmişti.

Fatıma hanım vefat ettiği zaman "Bugün annem öldü." ifadesini kullandı.

Kabrinin içine girdi, bir müddet uzandı, kefeni için de gömleğini verdi.

Bu ilginin nedenini sordular.

"Ebu Talip'ten sonra bu kadıncağız kadar bana iyiliği dokunan hiçbir kimse yoktur. O benim annemdi.

Kendi çocukları aç durur, suratlarını asarlarken o, önce benim karnımı doyurur, saçımı tarardı.

O, benim annemdi. Ahrette cennet elbiselerinden giyinmesi için ona gömleğimi kefen olarak verdim.

Kabre ısınması, alışması için de oraya kendisiyle birlikte uzandım..." dedi.

O aynaydı:

Bitmez tükenmez ikramlarıyla varlıkları besleyip, onlara iyilikler sunan Mennan'ın...

EŞİNİ İKİ KEZ KURTARDI

Peygamberimizin kızı Zeynep, eşi Ebu'l-As'ı, iki defa esaretten kurtarmıştı.

Birincisi Bedir'deydi. Babası ehli beytiyle Medine'ye hicret ederken, kocası henüz müslüman olmayan Hz. Zeynep Mekke'de kalmıştı.

Mekke'deki Zeynep, Bedir'de esir olan eşini kurtarmak için annesi Hatice'nin evlenirken kendisine taktığı gerdanlığını bedel olarak gönderdi.

Hatice'yi hatırlatan gerdanlık, babası peygamberi çok duygulandırmış, kızının esirini gerdanlığı ile gönderme teklifi yapmıştı sahabilerine. Sahabe kabul etmiş, Ebu'l-As Mekke'ye dönmüştü. Bu vefanın karşılığında eşini babasının yanına Medine'ye gönderdi Ebu'l-As.

Ebu'l-As ticaret için gittiği Şam dönüşü müslümanlarca yakalanmış tekrar esir olmuştu müslümanlara. Mallarıyla birlikte getirilmişti Medine'ye. Bu defa eşi Mekke'de değil Medine'deydi.

Eşinin esir olarak Medine'ye getirildiğini duyan Zeynep mescide koştu ve cemaate seslendi:

"Ey insanlar ben Rabi oğlu Ebu'l-As'a eman verdim."

Bu esnada Peygamberimiz namaza başlamıştı. Namaz esnasında kızı Zeynep'in eşine eman veren teklifini duymuştu. Namazı bitirdikten sonra cemaate döndü ve dedi:

"Ey insanlar, sizler de benim işittiklerimi işittiniz mi?"

"Evet ey Allah'ın Resulü" dediler.

Sevgili baba buyurdu:

"And olsun ki, sizin işittiğinizi duyuncaya kadar konudan benim de haberim yoktu. Ancak bir müslümanın verdiği emanın arkasında olmamız boynumuzun borcudur" dedi.

Ve sahabeye buyurdu:

"Dilerseniz mallarını verir gönderirsiniz, dilerseniz ganimet olarak mallarını alırsınız."

Sahabiler peygamberin damadını ticaret malları ile gönderdiler Mekke'ye.

Eşinin vefasının karşısında çok duygulanan Ebu'l-As'ın kalbini Allah İslama açtı. Kısa süre sonra müslüman olarak Medine'ye eşine döndü.

Zeynep çok sevinmişti. Eşinin döndüğü gün sarı ipekli elbiseler giyinerek sevincini belirtti.

O, vefayı annesi Hatice'den öğrenmişti...

Onun babası aynaydı:

Dilediği herşeyi yapabilecek kudrete sahip olan, herşeyi ve herkesi ister istemez kudretine boyun eğdiren Cebbar'ın...

ONLAR ANNELER

Resulullah'ın yanına bir kadın geldi. Yanında iki de çocuğu vardı. Kadın birini sırtında taşımakta, diğerinin de elinden tutmaktaydı.

Peygamberimiz annenin bu halini görünce şöyle buyurdu:

"Hamilat.

Validat.

Rahimat."

"Onlar hamile olurlar, doğururlar ve merhametli olurlar. Bir de kocalarına eziyet vermeyip, namazlarını kılsalar doğrudan cennete giderler."

Bir gün bir adam Allah Resulüne gelerek:

"Güzel dostluk ve muhabbet beslememe insanlar arasında en lâyık olan kimdir?" diye sordu.

Allah Resulü dedi:

"Annendir."

Adam yine sordu, "ya sonraki?"

Allah Resulü yine dedi:

"Annendir."

Adam yine sordu.

Allah Resulü cevap verdi.

"Annendir."

Adam dördüncü kez soruyu tekrar etti.

"Sonra kimdir ya Resulallah?"

Allah Resulü cevap verdi.

"Babandır."

O aynaydı:

Herşeyi bilen Alim'in...

YABANCI BİR KADINA DOKUNMADI

Medineli bir grup kadın İslamiyeti kabul ettiklerine dair biat için (itaat edeceklerine dair söz verme) peygamberin yanına geldiler.

Medineli hanımlardan Ümeyye, peygambere hangi konularda söz verdiklerini sıralar:

"Ey Allah'ın Elçisi! Allah'tan başka hiçbir şeyi tanrı diye tanımayacağımıza,

Hırsızlık yapmayacağımıza,

Zina etmeyeceğimize,

Çocuklarımızı öldürmeyeceğimize,

Hiç yoktan yalan uydurup iftira etmeyeceğimize,

Bildirdiğin hiçbir gerçeğe karşı çıkmayacağımıza, sana söz veriyoruz!"

Peygamberimiz onların bu sözlerine şöyle karşılık verdi:

"Gücünüz yettiği ve elinizden geldiği kadarıyla."

Kadınlar peygamberimizin bu hatırlatması üzerine derler ki:

"Allah'ın Resulü bizden daha merhametli."

Sonra hanımlar o merhametli peygambere derler:

"Ey Allah'ın Resulü! Elini uzat da sana biat edelim."

Peygamberimiz bu hanımlara buyurur: "Ben kadınlarla tokalaşmam. Bir kadına söylediğim söz, yüz kadına söylediğim söz gibidir."

Hz. Aişe kadınlarla bu biat şeklini anlatırken tekrarla der:

"Vallahi onun eli mahremi dışında hiçbir kadına değmedi..."

O aynaydı:

Maddi ve manevi kötülüklerden korunmak isteyenleri koruyan Âsıme meni's-ta'sameh'in...

DAHA İYİSİ İÇİN

Ümmü Seleme'nin kocası Uhud savaşında yaralanmıştı. Çok geçmeden de şehit oldu. Ümmü Seleme dört çocuğu ile dul kaldı.

Üzüntüsü çok fazlaydı...

Peygamberimiz evine gelerek onu ziyaret etti.

Peygambere nasıl dua etmesi gerektiğini sordu Ümmü Seleme.

Peygamberimiz dedi:

"Ya Rabbi beni ve onu affet. Bana onun ardından daha hayırlısını ihsan et. 'İnna lillah ve inna ileyhi raciun' de."

Ümmü Seleme bu duaya devam ediyordu, ama eşinden daha hayırlısı olacağını düşünemiyordu. Fakat Peygamberi söylemişti. "Kim bir musibete uğrar da bu duayı okuyup sabrederse ondan daha hayırlısına nail olur."

Bu düşüncelerle okudu durdu Ümmü Seleme.

Sonra Ümmü Seleme'nin yalnızlığını gidermek için Ebu Bekir istedi onu. Kabul etmedi Seleme.

Sonra aynı niyeti Hz. Ömer bildirdi onu da reddetti.

Peygamberinin sırlı tavsiyesini sıkıntılı günlerinin gidericisi etmişti kendisine ve okuyup duruyordu.

Daha hayırlısının nasibi fazla gecikmeden geldi. Peygamber ona müminlerin anneliğini teklif etti.

Ümmü Seleme'nin duası kabul olmuştu.

Hayırlıların en hayırlısı verilmişti...

O aynaydı:

Kapalı olan herşeyi yardımıyla açan Fettah'ın...

EVDE HİÇBİR ŞEY YOK

Fatıma rahatsızdı. Peygamberimiz Hz. Fatıma'yı ziyarete gitmişti. Kızına nasıl olduğunu sordu.

"Rahatsızım" dedi Fatıma.

Fatıma geçim sıkıntısını hayatı boyunca had safhada yaşamıştı. Öyle ki açlıktan baygın hale geldiği zamanlar olurdu. Bu ikinci sıkıntısını da söyledi babasına.

"Evde yiyecek hiçbir şeyimiz yok."

Peygamberimiz kızına dedi:

"Kızım istemez misin ki, sen bütün dünya kadınlarının hanımefendisi olasın."

Fatıma cevap verdi:

"Ümran kızı Meryem böyle değil midir?"

"O, kendi devrinin kadınlarının hanımı idi. Sen de kendi devrinin hanımlarının hanımefendisi olacaksın.

Yemin ederim ki ben seni hem dünyanın, hem de din yolunun ileri gelen bir efendisine verdim..."

O aynaydı:

Bütün varlıkların rızkını veren Rezzak'ın...

EŞİNİ ÜZMEMEYE YEMİN ETTİ

Hz. Ali ile Hz. Fatıma'nın arasında bir tatsızlık olmuştu. Fatıma hemen dert ortağı babasının yanına koştu. Hz. Ali de Fatıma'nın peşinden gitti.

Fatıma babasıyla bir köşede sessizce konuşmaya başladı. Belli ki eşini şikayet ediyordu.

Peygamberimiz de kızına teselli veriyordu. Fatıma'ya dedi:

"Kızım hangi karı koca vardır ki aralarında münakaşa olmasın. Hiç olabilir mi bir erkek, kadının her dediğini yapsın. Hem de eşine hiçbir şey söylemesin."

Peygamberimiz kızını teskin etmişti ama, Hz. Ali eşi tarafından şikayet edilmekten ve onu üzmüş olmaktan dolayı çok rahatsız olmuştu.

Bir daha eşini üzmek istemiyordu. Bu konuda kendi kendine bağlayıcı bir karar aldı.

Bu kararını kendisi şöyle anlatır:

"Bundan sonra bir daha Fatıma'ya sert bir söz dahi söylemedim. Onu üzecek, gücendirecek hiçbir şey yapmamaya dair yemin ettim..."

Onun babası aynaydı:

Herşeyi gören Basir'in...

DECCAL AĞLATTI

Peygamberimizin "kadınların hatibi" dediği Hz. Esma sık sık peygamberin sohbetlerine gelir hizmetini görürdü. Bir defasında devesinin yularını tutuyordu. Vahiy gelmişti. Esma der ki:

"Vahiy o kadar ağırdı ki, devenin ayaklarının kırılmasından korktum."

Esma yine peygamberinin yanındaydı. Bir sohbet anıydı.

Konu Deccaldı.

Herkes dikkatlice dinliyordu. Bazıları hayret sesleri ile konunun önemini belirtiyordu.

Sohbetin bir bölümünde Peygamberimiz dışarı çıkmıştı.

Döndüğünde Esma'yı ağlarken buldu. Sordu:

"Niçin ağlarsın ey Esma?"

Esma, ağlama nedenini söyledi o şefkat kaynağı peygamberine.

"Ya Resulallah bizim cariyemiz hamur yoğuruyor, ekmek hazırlamak isterken, aç isek sabırsızlanıyoruz. Deccal zamanında böyle kıtlık olursa acaba ne yapacağız? Düşünüyorum da onun için ağlıyorum."

Esma, Deccal zamanındaki kıtlıktan etkilenmişti. Peygamberimiz onu teselli etti:

"O gün tesbih ve tehlil (La ilahe illallah demek) suretiyle açlığı önlemek mümkün."

Sonra devam etti:

"Ah çekmek, feryat etmek gereksiz. Ben o zaman hayatta olursam sizin için bir kalkan vazifesi görürüm. Yoksa, benden sonra Allah her müslümanı bizzat kendisi koruyacaktır."

O aynaydı:

Belaları def eden Dafiu'l-Belaya'nın...

ELİNLE İŞLE, AĞZINLA KONUŞ

Zeynep tanınmış sahabilerden İbn Mesud'un eşiydi.

Kocası İbn Mesud fakirdi. Zeynep el işi yapıp çocuklarının geçimini sağlıyordu.

Bir gün, peygamberin sadaka verme konusundaki övgüsünü duydu. Kendisi sadaka veremiyordu. Kazandığını eşi ve çocuklarının ihtiyacı için harcıyordu.

Üzüntüsünü eşiyle konuştu.

Eşi ona dedi:

"Sen kendi menfatını göz önüne al, sana zarar vermiş olmayalım."

Zeynep yine de durumu peygamberine bildirmeden edemedi. Konuyu ona anlattı.

Kendi çalışıyor, kazancını eşi ve çocukları için sarf ediyordu. Bunlar da acaba sadaka olabilir miydi? Ayrıca sadaka vermesi gerekiyor muydu?

Peygamberimiz, Zeynep'i rahatlatan cevabı verdi. Ailesi için harcadığı her şey sadaka idi.

Zeynep çalışmalarına devam etti. Yine peygamberin huzurunda bir sohbetteydi. El işini yapıyordu. Kadınlar bir mesele ileri sürmüşlerdi. Zeynep de el işini işlemeyi bırakarak söze başladı.

Peygamberimiz, Zeynep'e buyurdu:

"Elinle, gözünle işine devam et, ağzınla da konuş..."

O aynaydı:

Herşeyi tertip ve düzene sokan Mürettib'in...

MİRACIN BAŞLANGICI

Amcası vefat etmişti. Ardından da sevgili eşi Hatice...

Yalnızdı. Üzgündü.

Dertlerini anlattığı kadın gitmişti.

Sıkıntılarını paylaştığı dostu gitmişti. O, çok iyi biliyordu kadınların sıkıntıyı çekme özelliklerini.

Onun için de diyordu:

"Hatice benim sıkıntılarımı çekerdi."

Ne zaman bir sıkıntısı olsa Hatice'ye dönerdi. O mutlaka teselli verir, kederini unutturdu. Sanki ondaki sıkıntı dalgalarını üzerine alır, bir sünger gibi emerdi.

Peygamber çok üzgündü o gün...

O gün, Ebu Cehil ve müşrikler onu çok rencide etmişlerdi.

Amcası Ebu Talip'in kızı, Ümmü Hani'nin evine gitti. Üzüntüsünü amca kızı ile paylaştı. Onun üzüntüsüne ortak oldu amca kızı.

Miraç amca kızının evinden başladı.

O gece Allah, huzuruna alarak habibini teselli etti.

Miracın başladığı evin sahibi amca kızı, müslüman değildi.

Kaderin garip bir cilvesi amca kızı Mekke'nin fethinde müslüman oldu.

Peygamberimiz Mekke'ye geldiğinde bu amca kızının evinde kaldı.

Hem Miraçta, hem Mekke'nin fethinde peygamber aynı hanımın evindeydi.

O aynaydı:

İzzet ve azamet sahibi olan Aziz'in...

EBU LEHEB'İN KIZI

Ebu Leheb'in kızı müslüman olmuştu. Medine'ye hicret etti.

Ebu Leheb'in kızının Medine'ye geldiğini duyan Medineli hanımlar, onu görmeye geliyorlardı.

Ebu Leheb'in kızı Dürre'ye, şaşkınlıkla sorup duruyorlardı: "Demek sen, şu meşhur Ebu Leheb'in kızısın, öyle mi?"

"Kur'an-ı Kerim'de hakkında 'Tebbet yeda' suresi nazil olan adamın kızısın öyle mi?"

Hayretler arttıkça Dürre'ye sorulan soruların dozu da artıyordu:

"Senin baban Ebu Leheb böyle olunca, sen bu hicretten sevap mı elde edeceksin?"

Dürre'nin canı iyice sıkılmıştı. Hanımların ziyaretleri ve konuşmaları onu üzüyordu. Doğruca amca oğlu peygamberinin yanına gitti ve durumu anlattı.

Peygamberimiz, amca kızı Dürre'yi teselli etti ve oturmasını istedi. Öğle vakti olmuştu. Namaza biraz geç gitti.

Hemen minbere çıkıp buyurdu:

"Bazıları benim aile efradımı incitmişlerdir. Halbuki yemin ederim ki benim şefaatim biiznillah aile efradıma da ulaşır. Hatta Sad, Hakem, Selheb bile bundan faydalanır."

O aynaydı:

Mükafat ve cezayı kendisi veren Deyyan'ın...

SON ANINDA KADIN

Halide peygamberini ziyarete gider, ona sorular sorardı. Bir defasında aklına ölülerin anlayıp anlamadıkları takıldı hemen sordu.

Peygamberimiz buyurdu: "Temiz ruhlar cennette yeşil kuşlar gibidir, kuşlar cennette ağaçların dallarından, yapraklarından atlayıp uçabilirlerse o zaman demek ruhlar anlar ve duyar."

Peygamberimizin son günleriydi. Çok hastaydı. Halide onu yine ziyarete gitmişti.

Peygamberimizdeki harareti görünce sordu:

"Ya Resulallah ben hiç kimsede böyle bir hararet görmedim!"

Peygamberimiz Halide'ye cevap verdi:

"Hararet ne kadar çok olursa, sevabı da o kadar çok olur."

Peygamberimiz Halide'ye hastalığı hakkındaki düşüncesini sordu. Halide dedi:

"Zannedersem zatülcenb."

Peygamberimiz buyurdu:

"Zannımca senin oğlunla birlikte Hayber savaşında yediğimiz zehirli keçi etinin neticesi bu.

İçeride kaldı, kaldı da şimdi tekrar çıkıyor. İçeriden içeriye içini gördü bu defa çıkmaya başladı."

Halide, Hayber kalesinin fethinde yahudilerin peygamberimizi zehirlemek için hazırladıkları zehirli keçinin etinden yeyip oracıkta şehit olan Bişr'in annesiydi...

O aynaydı:

Sonsuz kuvvet sahibi olan Kavî'nin...

ÖLÜM ANINDA ŞAKA

Peygamberimizin son günleriydi. Her gece bir eşinin yanına götürülmesinin onu yoracağını düşünen şefkatli eşleri bir teklifte bulundular.

"Ey Allah'ın Resulü isterseniz artık Aişe'nin odasında kalınız."

Peygamberimiz bu teklifi kabul etti.

Onu Aişe'nin odasına getirdiklerinde Hz Aişe'nin başı ağrımaktaydı. Odada oturmuş "vay başım" diye sızlanıyordu.

Kendisine artık vefatı bildirilen Peygamberimiz, Aişe'nin yanına yaklaşarak: "Asıl ben vay başım demeliyim." diyerek kendi hastalığının ciddiyetini belirtti.

Daha sonra da Aişe'ye dedi:

"Sen benden önce ölsen, seni elimle yıkasam, kefene koysam, namazını kıldırsam ve ellerimle seni defnetsem olmaz mı?"

Hz. Aişe peygamberimizin bu sözlerine alındı.

"Vay benim başıma gelenlere! Vallahi sen benim ölmemi istiyorsun. Eğer ben ölürsem sen o günün akşamı eşlerinle olursun."

Eşinin yaptığı şakayı anlamayan Hz. Aişe'nin bu hali ve kıskançlığı peygamberimizin çok hoşuna gitti. Onun bu haline güldü. Öyle ki oğlu İbrahim'in ölümünden sonra ilk defa böyle güldüğünü gördü etrafındakiler.

Son anlarında, bile eşiyle şaka yapmaktan geri kalmıyordu Allah'ın sevgilisi....

O aynaydı:

Herşeyi düzenleyip, güzel şekilde tanzim eden Munazzım'ın...

İKİ KADININ KUCAĞINDA, İKİ DÜNYAYA DOĞMAK

Peygamberin gönül dünyasında önem verdiği iki şeyden biri kadın, diğeri de çocuktu...

İslamı ilk kabul eden, Hz. Hatice bir kadındı ve yine ilk kabul edenlerden biri de bir çocuktu. Amca oğlu Hz. Ali...

Onun İslamı anlatmasında da bu ikili, önemli yer tutuyordu.

Peygamberin İslamı ilk anlatmaya başladığı süreçten sonuna kadar, bu ikili, hayatının her safhasında önemini ve sevgisini korudu.

Hatta o, kendisine sevdirilen iki şeyden birisini namaz, diğerini kadın olarak tanımladı.

O kadınları seviyordu.

O, ilk eğitiminde kadınlar olan birisiydi.

İlk vahyin heyecanını bir kadına taşımıştı.

Sonra ahretin ilk kapısına, ebediyet alemlerine yine bir kadının kucağından gitmişti.

Dünyaya vedayı, bir kadının bağrından yapmıştı.

Son anlarıydı...

Aişe'nin odasındaydı. Aişe'nin kucağında...

Dişlerini misvaklayacaktı. Misvak sert geldi. Aişe'ye yumuşatması için verdi.

Aişe yumuşattığı misvakı Allah Resulüne uzattı.

Bu, onun dişini son misvaklayışıydı...

Amine'nin kucağında bu dünyaya doğan peygamber, Aişe'nin kucağında diğer dünyaya doğdu.

Aişe'nin odası, onun kabri oldu.

Asırlardır müslümanlar bir kadının odasını ziyaret etmektedirler. Peygamberlerini ziyaret için...

O aynaydı: Hakk'ın...

KAYNAKLAR

Taberani, *el-Mu'cemü'l-kebir*

Hayatü's-Sahabe

İbn Hacer el-Askalani, *el-İsabe*

İbnü'l-Cevzi, *Sıfatü's-safve*

İbn İshak, *Sire*

Ahmed bin Hanbel, *Müsned*

İbn Sa'd, *et-Tabakatü'l-Kübra*

Sahih-i Buhari Muhtasarı, Tecrid-i Sarih Tercemesi

Beyhaki, *es-Sünenü'l-Kübra*

İbn Hişam, *Sire*

Tirmizi, *Sünen*

İbrahim Canan, *Kütüb-i Sitte*

Ebu Davud, *Sünen*

Suyuti, *el-Hasaisü'l-Kübra*

Kastalani, *el-Mevahib'ül-Ledunniye*

Hakim, *el-Müstedrek*